Pierre de Billy
Jean Grandmaison

Découvrir le Québec

s'émerveiller, s'amuser et s'instruire

sur le chemin des vacances

Les éditions
Héritage inc.

Les auteurs ont apporté une attention spéciale à l'exactitude des renseignements contenus dans le présent livre. Si des erreurs se sont glissées dans le texte ou si des changements sont survenus depuis la publication, prière d'en informer l'éditeur, qui verra à apporter les modifications nécessaires dans la prochaine édition.

Données de catalogage avant publication (Canada)

De Billy, Pierre
Découvrir le Québec :
s'émerveiller, s'amuser et s'instruire sur le chemin des vacances

ISBN 2-7625-8229-6

1. Québec (Province) - Guides. 2. Famille - Loisirs - Québec (Province). I. Grandmaison, Jean. II. Titre.

FC2917.5.D4 1996   917.1404'4   C96-940116-7
F1052.D4 1996

Sous la direction de : Danielle Lajeunesse, R-D création enr.
Conception graphique : Diane L'Ecuyer
Illustration de la couverture : Philippe Germain

Dépôts légaux : 2e trimestre 1996
Bibliothèque nationale du Québec
Bibliothèque nationale du Canada

ISBN : 2-7625-8229-6

Imprimé au Canada

LES ÉDITIONS HÉRITAGE INC.
300, rue Arran, Saint-Lambert (Québec) J4R IK5
(514) 875-0327

10 9 8 7 6 5 4 3 2

Bien que le masculin soit utilisé dans le texte, les mots relatifs aux personnes désignent aussi bien les femmes que les hommes.

PRÉFACE

Partir ensemble à la découverte d'un coin du Québec,
voilà une expérience stimulante pour tous les membres de la famille.
Encore faut-il choisir des activités pour que chacun y trouve son compte.
Pour plusieurs jeunes, des glissades d'eau et des manèges les combleraient tout au long du voyage,
pour certains parents, les visites de musées et des centres d'interprétation seraient incontournables…
S'amuser ! S'instruire ! Découvrir !

Des vacances familiales réussies supposent un dosage imaginatif d'activités physiques,
de visites de sites naturels et de visites culturelles.
Aussi, notre ouvrage propose plus de 160 sites et activités répertoriés à travers tout le Québec.
Notre choix résulte de visites, de recherches et de lectures, et tient compte
à la fois des intérêts des jeunes et des adultes.
C'est donc dans cette perspective tout à fait originale que ce livre vous offre un inventaire de sites et d'activités,
et cela dans la forme la plus claire et la plus accessible possible.

Écrit dans un style imagé, Découvrir le Québec a donc été conçu pour être consulté tant par les adultes que les jeunes
de telle sorte que chacun puisse avoir son mot à dire dans l'organisation des vacances.
En consultant cet ouvrage, tous pourront conjuguer
plein air et culture, patrimoine et paysage, joie de vivre et plaisir de s'instruire.
En somme, de quoi composer votre propre menu, un menu à la carte, pour des vacances
amusantes et enrichissantes au Québec.

Un livre qui, nous l'espérons, accroîtra chez les gens d'ici et d'ailleurs le goût de voyager au Québec !

Les auteurs

Pierre de Billy

Jean Grandmaison

Reconnue pour ses grands espaces,
cette région vous permettra de vous rapprocher
de la vraie nature.
Vous y découvrirez notamment la route
des prospecteurs et la Ruée vers l'or,
de même que l'aventure des défricheurs
qui vinrent dans cette région
pour échapper à la crise économique de 1929.
L'Abitibi-Témiscamingue,
c'est le paradis de la pêche.
Elle accueille aussi bien
les pêcheurs inconditionnels
que ceux qui désirent simplement vivre
une expérience en pleine nature.
La région compte environ 100 000 lacs
répartis sur un vaste territoire
qui équivaut au cinquième de la France.

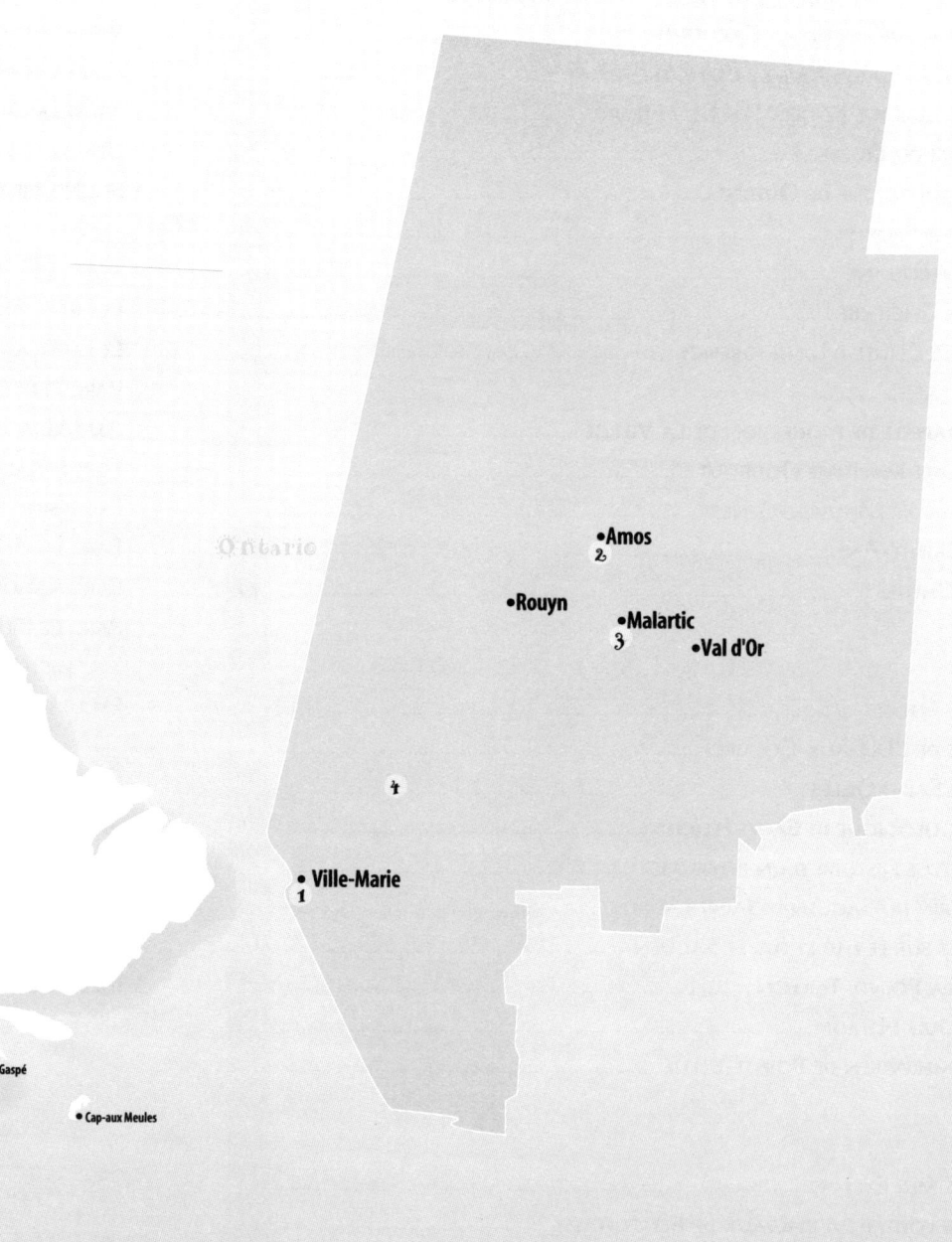

Ontario

•Amos
2

•Rouyn
•Malartic
3
•Val d'Or

4

• Ville-Marie
1

Sept-Îles

Baie-Comeau •

• Rouyn-Noranda
Chicoutimi •
• Rimouski
Gaspé •
• Cap-aux-Meules
La Malbaie •
Québec •
Trois-
Rivières •
Joliette
St-Jérôme •
Laval • • St-Hyacinthe
Hull • Montréal • • Sherbrooke
• Saint-Georges

8

LIEU HISTORIQUE NATIONAL DU FORT-TÉMISCAMINGUE
834, chemin du Vieux-Fort
C.P. 636
Ville-Marie (Qc) J0Z 3W0

tél.: (819) 629-3222

notes _____

_____

_____

_____

_____

LIEU HISTORIQUE NATIONAL DU FORT-TÉMISCAMINGUE
On se paie la traite

Situé au bord du lac Témiscamingue, près de la frontière ontarienne, le fort Témiscamingue a été témoin de l'époque de la traite des fourrures au Canada. Au XVIIe siècle, à proximité du fort actuel, un poste fortifié avait été aménagé pour le commerce de la fourrure, mais avait rapidement été abandonné. En 1720, un commerçant montréalais décida de réaménager ce poste de traite. En 1795, la Compagnie de la Baie d'Hudson s'en porta acquéreur et l'exploita jusqu'à sa fermeture en 1901.

Dans le fort reconstruit, des interprètes en costume d'époque vous feront revivre les activités quotidiennes des commerçants français, anglais et autochtones. Sur le site, vous aurez la possibilité de vivre diverses expériences reliées à la traite de la fourrure.

ATR ABITIBI-TÉMISCAMINGUE, ALAIN LAFOREST

REFUGE PAGEAU
Le père Noé de l'Abitibi

Durant une bonne partie de sa vie, Michel Pageau fut trappeur, tuant des animaux uniquement pour assurer sa survie. Plus que tout, il souhaitait un jour aider et protéger les animaux. Au fil des ans, son rêve s'est réalisé. Surnommé le père Noé de l'Abitibi, il accueille dans son arche ses amis les animaux, qu'il s'agisse d'un oiseau blessé, d'un ourson égaré ou d'une tortue abandonnée. Aménagé modestement, ce site n'est pas un zoo, mais un refuge où les animaux sont accueillis et soignés. Avec sa femme Louise, Michel Pageau vous communiquera son amour inconditionnel de la faune. Votre visite vous fera davantage apprécier la vie.

ATR ABITIBI-TÉMISCAMINGUE, BENOIT CHALIFOUR

REFUGE PAGEAU
3991, rang Croteau
Amos (Qc) J9T 3A1

tél. : (819) 732-8999

notes _____

_____

_____

_____

_____

_____

_____

_____

_____

_____

MUSÉE RÉGIONAL DES MINES
650, rue de la Paix
C.P. 932
Malartic (Qc) J0Y 1Z0

tél.: (819) 757-4677

notes _____

_____

_____

_____

_____

_____

MUSÉE RÉGIONAL DES MINES
Une ruée touristique vers l'or!

Ce musée met en vedette les multiples facettes du patrimoine minier de cette région qui fait partie du Bouclier canadien et constitue un important producteur d'or, d'argent, de cuivre et de zinc. Dès l'été 1996, les touristes auront le plaisir de visiter deux sites complémentaires dédiés au secteur minier: la Cité de l'or, nouvel attrait touristique situé à Val d'Or, qui aborde l'exploitation souterraine dont la visite d'une vraie mine; et le Musée régional des mines, maintenant restauré, qui met l'accent sur le volet géologique. Le musée présente entre autres l'historique des mines de la région, les différentes facettes de l'industrie minière, ainsi qu'une collection de minerais de la région et de minéraux du monde entier.

ATR ABITIBI-TÉMISCAMINGUE

LAC DES QUINZE
Du poisson... quinze à la douzaine!

Les membres de votre famille vont apprécier le décor tranquille et enchanteur du lac des Quinze. Dans cet environnement naturel et rustique, vous pourrez à loisir démontrer votre habileté à capturer du poisson, que ce soit le doré, le brochet, l'esturgeon ou l'achigan. Divers services sont offerts pour rendre agréable votre séjour à la pour-

ATR ABITIBI-TÉMISCAMINGUE, ALAIN LAFOREST

voirie. De belles plages de sable sont accessibles, la baignade et les activités aquatiques se pratiquent en toute quiétude. De nombreuses autres pourvoiries sont offertes dans la région.

ATR DUPLESSIS, ALAIN LAFOREST

Dans le village d'Angliers, situé à proximité, vous pourrez visiter le T.E. Draper qui, de 1929 à 1972, fut le plus important remorqueur de bois pour la Canadian International Paper. Des guides-animateurs feront revivre pour vous l'histoire du flottage du bois au Témiscamingue.

LAC DES QUINZE
PAVILLON NORPIN
C.P. 355
Evain (Qc) J0Z 1Y0

tél.: (819) 279-2194

notes _____
_____
_____
_____
_____
_____

PAVILLON DORÉ
C.P. 69
Angliers (Qc) J0Z 1A0

tél.: (819) 949-2211

notes _____
_____
_____
_____
_____

13

Au nord de Montréal,
ces trois régions offrent de nombreux attraits
pour la famille.
L'Outaouais vous intéressera tout d'abord
par les possibilités de visites culturelles qu'elle offre
et par sa proximité de la capitale du Canada
(quelques visites proposées se trouvent du côté ontarien).
Par ailleurs, c'est l'endroit rêvé
pour les amateurs de plein air,
la nature y étant facilement accessible.
Les Laurentides,
c'est le paradis des décrocheurs...
du stress urbain.
Enfin, Lanaudière est un heureux mélange
des mondes culturel et sportif...
C'est d'ailleurs le lieu de naissance de Céline Dion
et de Gilles Villeneuve.

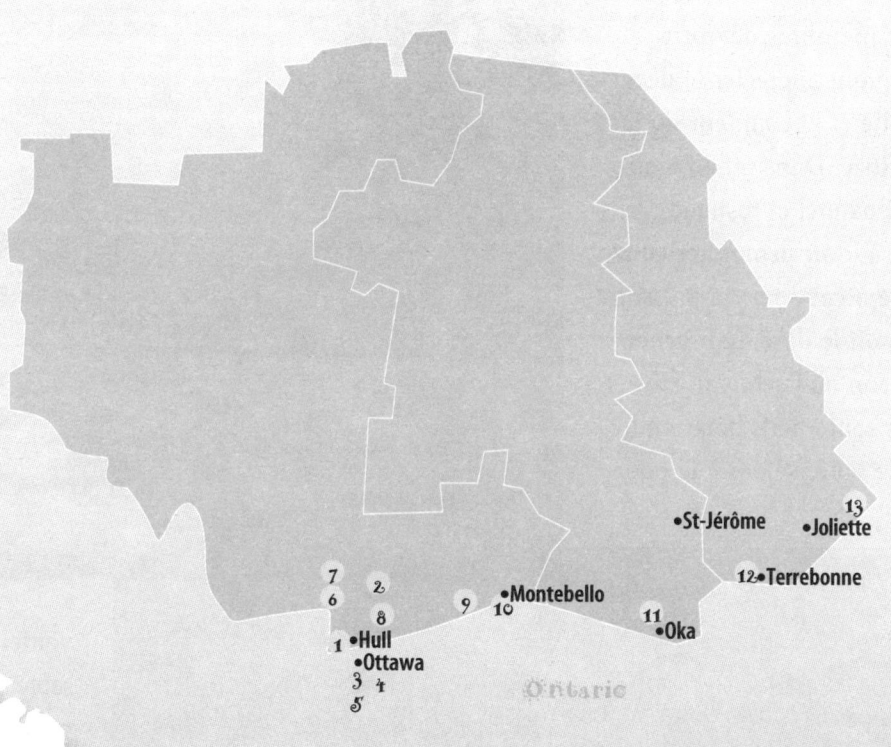

14

MUSÉE CANADIEN DES CIVILISATIONS
100, rue Laurier
C.P. 3100, succ. B
Hull (Qc) J8X 4H2

tél.: (819) 776-7000

notes _____

_____

_____

_____

_____

MUSÉE CANADIEN DES CIVILISATIONS
Pour s'amuser de façon civilisée

i mplanté sur les berges québécoises de la rivière des Outaouais, le Musée canadien des civilisations vous plaira d'emblée par son architecture moderne et audacieuse qu'a conçue l'Albertain Douglas Cardinal; mais il stimulera encore plus votre intérêt et votre imagination par ses expositions nombreuses et variées. Le musée présente notamment la vie de nos prédécesseurs et des différents groupes culturels qui composent la population canadienne. Participez à des visites guidées telles que «Gravé dans la pierre», qui raconte l'histoire, la conception et la construction du musée. La salle du Canada et celle de la Grande Galerie sont quant à elles consacrées à l'histoire et à la culture canadiennes. Plusieurs expositions temporaires viennent agrémenter la visite. Pour en illustrer la variété, voici quelques exemples d'expositions présentées en 1995: L'or du Klondike; Le mystère des Mayas; Vivre au Canada à l'époque de Champlain; Un jardin japonais zen; L'art inuit; L'art populaire du Québec, etc.

Le musée contient de plus une section s'adressant particulièrement aux jeunes et aux enfants. Elle leur fait découvrir le monde qui les entoure au moyen d'une multitude d'expositions et d'activités interactives fascinantes. Pour compléter le tout, soulignons le CINÉPLUS qui, avec ses écrans IMAX et OMNI-MAX, plonge le spectateur dans un environnement spectaculaire et stimulant. Le Musée canadien des civilisations est un attrait incontournable pour toute la famille. En plus de moments de plaisir, il vous offre une occasion unique de vous éveiller à des cultures diverses.

ATR OUTAOUAIS, HARRY FOSTER

16

TRAIN À VAPEUR
Un petit bonheur à savourer

TRAIN À VAPEUR
165, rue Deveault
Hull (Qc) J8Z 1S7

tél.: (819) 778-7246

notes _____
_____
_____
_____
_____

Vous désirez vivre une expérience originale ! Alors offrez à votre famille une excursion à bord du train à vapeur de Hull-Chelsea-Wakefield. Construit en 1907, il s'agit du seul train à vapeur encore en circulation dans l'est du Canada. Le chemin de fer a été inauguré en 1892; il servait jadis à transporter la farine du moulin MacLaren vers la ville. Sur le parcours de 64 km (aller-retour), vous aurez l'occasion d'admirer le paysage pittoresque de la vallée de la Gatineau, jusqu'au village touristique de Wakefield. À cet endroit, vous pourrez vous divertir dans les galeries d'art, les bistros et les boutiques sympathiques, ou simplement observer l'opération manuelle par laquelle on fait pivoter la locomotive à vapeur. Le train peut accueillir 536 passagers; le trajet dure 1 h 20 dans chaque direction et le départ a lieu à la gare de Hull.

LE PARLEMENT
Rue Wellington
Ottawa (Ont.) K1A 0A6

tél. : (613) 239-5000

notes _____

_____

_____

_____

_____

MUSÉE NATIONAL DES SCIENCES ET DE LA TECHNOLOGIE
1867, boul. Saint-Laurent
Ottawa (Ont.) K1G 5A3

tél. : (613) 991-3044

notes _____

_____

_____

_____

MUSÉE DE LA MONNAIE DE LA BANQUE DU CANADA
245, rue Sparks
Ottawa (Ont.) K1A 0G9

tél. : (613) 782-8914

notes _____

_____

_____

_____

_____

LE PARLEMENT
Parle-m'en

Les édifices du Parlement surplombent la rivière des Outaouais. Quand le Parlement siège, les visiteurs peuvent assister aux délibérations. Des visites guidées permettent de voir l'édifice du Centre (la Chambre des communes et le Sénat) ainsi que la bibliothèque. Vous vous familiariserez ainsi avec l'histoire politique et le système législatif du Canada tout en découvrant l'art et l'architecture. Les visiteurs peuvent également se promener sur le site magnifique de la colline du Parlement, où la relève de la garde constitue une attraction très colorée. Cette cérémonie se tient tous les jours à 10 h.

MUSÉE NATIONAL DES SCIENCES ET DE LA TECHNOLOGIE
Le coin des petits futés

Ce musée raconte la merveilleuse histoire de l'ingéniosité humaine et souligne plus particulièrement la contribution des Canadiens au développement du génie et de la science. Les expositions interactives couvrent un grand éventail de thèmes, que ce soit l'imprimerie ou les communications, le transport ou la technologie industrielle, et plus encore. Le musée présente également un programme d'astronomie intitulé «Découvrez l'univers».

MUSÉE DE LA MONNAIE DE LA BANQUE DU CANADA
Faire de l'argent comme de l'eau

Le Musée de la monnaie de la Banque du Canada offre une impressionnante rétrospective de l'évolution de la monnaie tant au Canada que dans le monde. À l'aide de pièces et d'objets variés, découvrez les nombreuses formes qu'a prises la monnaie à diverses époques et à divers endroits dans le monde. Au cours de la visite, vous pourrez également vous familiariser avec les techniques de frappe des pièces et d'impression des billets de banque. Le musée possède la collection la plus complète de billets, de pièces et de jetons canadiens du monde.

PARC DE LA GATINEAU
Du plaisir pour tous les sens

P aradis des activités de plein air, le parc de la Gatineau s'étend sur 356 km². La promenade de la Gatineau offre une route panoramique de 33 km peuplée d'attraits naturels spectaculaires. Vous pourrez pratiquer plusieurs activités dans un décor enchanteur : balade pédestre dans le réseau des sentiers, promenade à vélo sur les pistes cyclables et vélo de montagne dans les sentiers, baignade à l'une des six plages désignées, camping aux lacs Philippe et Taylor, canotage. Une halte au belvédère Champlain vous permettra de mieux admirer la vallée de la rivière des Outaouais. Les activités hivernales s'avèrent également très populaires, que ce soit le ski alpin au Camp Fortune, le ski de fond dans les 200 km de sentiers aménagés, le camping ou la raquette.

DOMAINE MACKENZIE-KING
Un domaine royal

V enez découvrir ce magnifique domaine niché au cœur du parc de la Gatineau. C'est ici que William Lyon Mackenzie King, le dixième premier ministre du Canada, venait régulièrement savourer ses vacances estivales durant sa longue carrière politique. À son décès en 1950, Mackenzie King légua son domaine au peuple canadien.

ATR OUTAOUAIS, CCN

Dès sa première visite dans la Gatineau, alors qu'il était encore jeune, King tomba amoureux de ce paysage unique et sauvage. Il acheta un terrain sur le bord du lac Kingsmere pour y faire construire sa résidence d'été en 1903. Les chalets restaurés et les guides permettent aux visiteurs de mieux connaître et de revivre les périodes durant lesquelles Mackenzie King fut premier ministre du Canada (1921-1930 et 1934-1948, une durée record de 22 ans). Un film vidéo vous donnera une vue d'ensemble de la vie et de la carrière de ce politicien rusé, amant de la nature et amateur passionné d'architecture. Les sentiers, les jardins et les ruines témoignent du romantisme de l'ancien maître des lieux.

CENTRE D'ACCUEIL DU PARC DE LA GATINEAU
318, chemin du Lac-Meech
Old Chelsea (Qc)

tél.: (819) 827-2020

notes _____

_____

_____

_____

_____

DOMAINE MACKENZIE-KING
Rue Barnes, Parc de la Gatineau (Qc)
161, avenue Laurier O.
Ottawa (Ont.) K1P 1J6

tél.: (819) 827-2020

notes _____

_____

_____

_____

_____

19

Outaouais, Laurentides et Lanaudière

PARC AQUATIQUE DU MONT-CASCADES
Chemin du Mont-Cascades
Cantley (Qc) J0X 1L0

tél.: (819) 827-0301

notes _____

_____

_____

_____

_____

_____

CHUTES DE PLAISANCE
Rang Malo
Plaisance (Qc) J0V 1S0

tél.: (819) 427-5335

notes _____

_____

_____

_____

_____

_____

_____

_____

PARC AQUATIQUE DU MONT-CASCADES
Allez hop ! cascades !

Pour bien profiter des beaux jours d'été, rien de mieux que le Beachclub du Mont-Cascades. Conçu pour la famille, ce parc offre des installations qui seront chaudement appréciées: quatre glissades aquatiques pour adultes, trois glissades aquatiques et une piscine pour les jeunes, la piscine Baie Cascades avec chute d'eau, deux terrains de volley-ball, etc.

CHUTES DE PLAISANCE
Une chute bien plaisante

ATR OUTAOUAIS, MARIO ST-JEAN

Voilà un endroit de détente que vous serez heureux de découvrir. Des aires d'observation et des sentiers pédestres permettent aux visiteurs d'admirer la beauté du site naturel des chutes de Plaisance. Il convient de mentionner qu'au siècle dernier, les chutes ont joué un grand rôle dans l'industrialisation de la région de l'Outaouais.

LIEU HISTORIQUE NATIONAL DU MANOIR-PAPINEAU
Le domaine d'un seigneur rebelle

LIEU HISTORIQUE NATIONAL DU MANOIR-PAPINEAU
500, rue Notre-Dame
C.P. 444
Montebello (Qc) J0V 1L0

tél. : (819) 423-6965

notes _____

_____

_____

_____

_____

Né à Montréal en 1786, Louis-Joseph Papineau fit des études de droit. Entré en politique dès 1808, il devint rapidement un leader nationaliste respecté et fut élu en 1814 chef du Parti canadien qui, en 1826, devint le Parti patriote. Papineau fut le principal signataire des 92 Résolutions de 1834, présentées à l'Assemblée législative en vue d'énoncer les griefs de la population et de réclamer des pouvoirs accrus au gouvernement britannique. Les changements demandés furent cependant rejetés par Londres, ce qui fit éclater la rébellion du Bas-Canada en 1837.

Identifié comme le leader des Patriotes et de leur rébellion, Papineau s'exila aux États-Unis et ne revint au Bas-Canada qu'en 1844 pour poursuivre sa carrière politique (1848-1854). Il mourut à Montebello en 1871 dans son manoir de la seigneurie de La Petite-Nation. Érigé entre 1846 et 1850, le superbe manoir surplombe la rivière des Outaouais. La visite vous fera revivre l'époque du régime seigneurial et la vie quotidienne des résidents de ce vaste manoir qui compte vingt pièces meublées.

ATR OUTAOUAIS

21

PARC D'OKA
2020, chemin Oka
C.P. 447
Oka (Qc) J0N 1E0

tél.: (514) 479-8365

notes _____

_____

_____

_____

_____

_____

_____

_____

_____

_____

PARC D'OKA
Le parc d'à côté

La beauté et la proximité du parc d'Oka en font un terrain de jeu idéal pour les Montréalais. Situé en bordure du lac des Deux-Montagnes, il permet aux visiteurs de pratiquer de nombreuses activités nautiques et de profiter de la plage naturelle, fort appréciée des baigneurs. Cet espace vert est un endroit idéal pour pique-niquer. Pour les amateurs de nature, le sentier écologique de la Grande Baie, un parcours de 3 km, permet de découvrir quatre écosystèmes. Une passerelle flottante et une tour d'observation agrémenteront votre visite.

À proximité du parc, une abbaye bien connue, la Trappe d'Oka, est célèbre pour ses fromages. Le parc est également situé près de Kanesatake, cette réserve indienne où des Mohawks dressèrent des barricades à l'été 1990 pour revendiquer notamment des terres ancestrales.

ÎLE-DES-MOULINS
Un patrimoine préindustriel et culturel

ÎLE-DES-MOULINS
Terrebonne (Qc)

tél.: (514) 471-0619

notes _____
_____
_____
_____
_____
_____
_____

Au cœur du Vieux-Terrebonne, en bordure de la rivière des Mille-Îles, l'île des Moulins est un site enchanteur qui transporte le visiteur à l'époque des grands moulins. Il présente un ensemble de moulins aménagés à partir de 1721 par Louis Lepage, curé et premier seigneur résident qui voulait exploiter la force hydraulique de la rivière des Mille-Îles. Un riche marchand écossais, Simon McTavish, prit ensuite la relève et favorisera la prospérité de l'île en multipliant les activités reliées à la traite des fourrures. Environ 30 ans plus tard, Joseph Masson et sa femme, Geneviève-Sophie Raymond, développèrent le potentiel manufacturier des moulins, ce qui amena un nouvel essor économique. Soulignons que ce prospère entrepreneur est devenu le premier millionnaire québécois. Restaurés en 1974, les bâtiments construits entre 1803 et 1850 (des moulins à scie, à farine et à carder, un bureau seigneurial et une boulangerie) nous font découvrir un patrimoine culturel charmant. Le site est un joyau de verdure présentant un menu varié d'activités: la visite «Torrent du passé» nous fait faire le tour des cinq bâtiments historiques et du centre d'interprétation; le volet «Courant de culture» intègre des matinées musicales, des spectacles en plein air, des galeries d'art; «Goutte d'air frais» nous offre, dans un décor champêtre, des promenades au bord de l'eau, des pique-niques sur l'herbe et, en hiver, du patinage et du ski de fond; «Tourbillon des alentours» comprend le circuit historique du Vieux-Terrebonne, des boutiques, des activités théâtrales. L'île des Moulins, c'est un lieu naturel et culturel de choix.

ATR LANAUDIÈRE-LUC LANDRY

23

MUSÉE GILLES-VILLENEUVE
960, avenue Gilles-Villeneuve
Berthierville (Qc) J0K 1A0

tél. : (514) 836-2714

notes _____

_____

_____

_____

_____

_____

_____

_____

_____

MUSÉE GILLES-VILLENEUVE
Une visite vite passée

Natif de Berthierville, Gilles Villeneuve fut le premier Québécois à s'illustrer en course automobile. Renommé et admiré sur la scène sportive mondiale, Gilles Villeneuve est devenu un héros légendaire après sa mort, survenue tragiquement en 1982, au cours des épreuves de qualification pour le Grand Prix de formule 1 en Belgique. Il avait 32 ans. En 1988, un musée a été créé pour commémorer le souvenir de ce pilote audacieux et spectaculaire. Des expositions thématiques, des photos, des films vidéo, des éléments interactifs, divers objets et quelques voitures de course vous feront mieux apprécier sa vie, ses exploits et le monde fascinant de ce personnage légendaire. Son fils Jacques a entrepris à son tour une carrière en formule 1, après avoir remporté le prestigieux championnat en formule Indy au cours de la saison 1995.

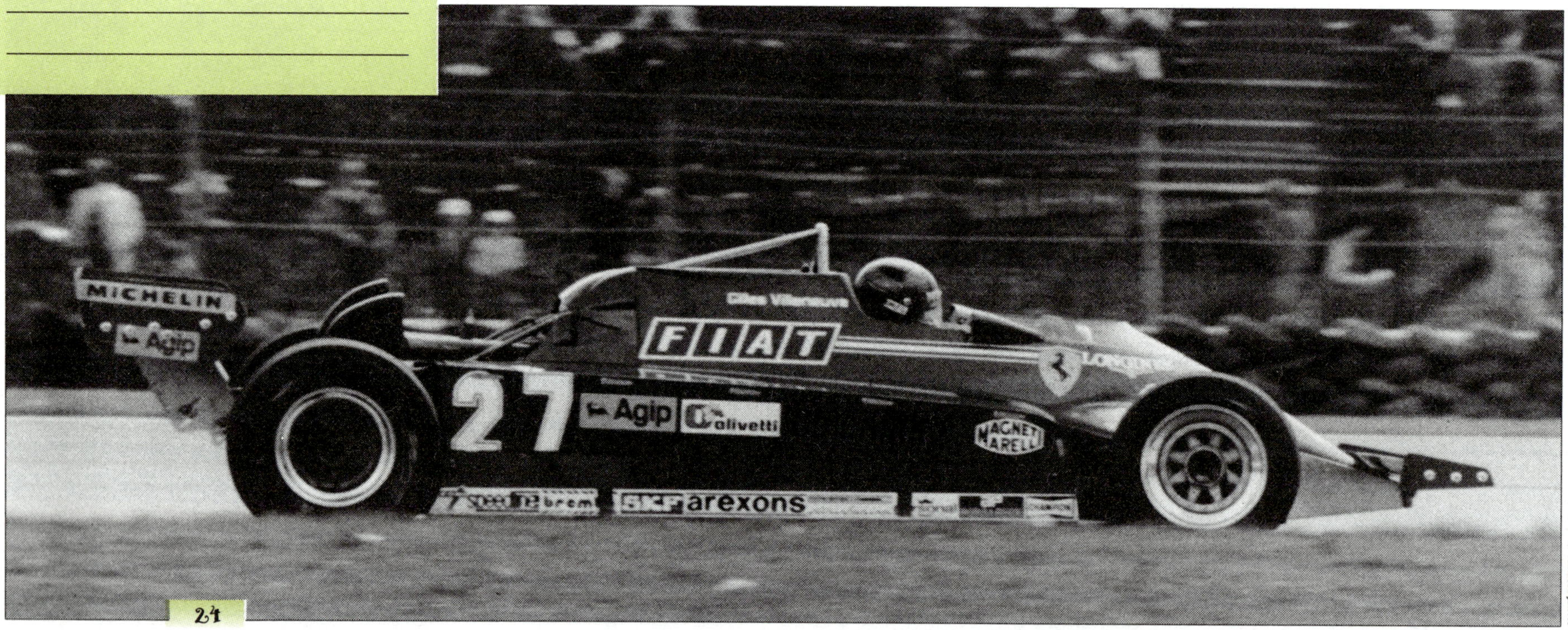

S'ÉMERVEILLER, S'AMUSER ET S'INSTRUIRE
sur le chemin des vacances

Montréal est la plus grande ville du Québec et
la seconde en importance au Canada.
Comme elle conjugue les deux titres de
grande cité nord-américaine et de plus grande
ville française hors de France, Montréal présente une
richesse culturelle unique au monde.
Dans notre métropole, on a l'embarras du choix
lorsque vient le temps de trouver des activités
culturelles, sportives ou récréatives.

Montréal est une île rattachée à la terre par une
quinzaine de ponts et ponceaux, tels des câbles
qui l'empêcheraient de dériver au gré du courant.
Elle est entourée de nombreuses autres îles où
les citadins viennent prendre l'air,
s'instruire et s'amuser.
Les plus populaires sont sans conteste les îles
Notre-Dame et Sainte-Hélène,
où se trouve le populaire parc des Îles.
Situé sous le pont Jacques-Cartier,
le parc des Îles (le plus grand parc de la ville)
est ce que le visiteur en provenance de l'Est
voit en premier lieu.

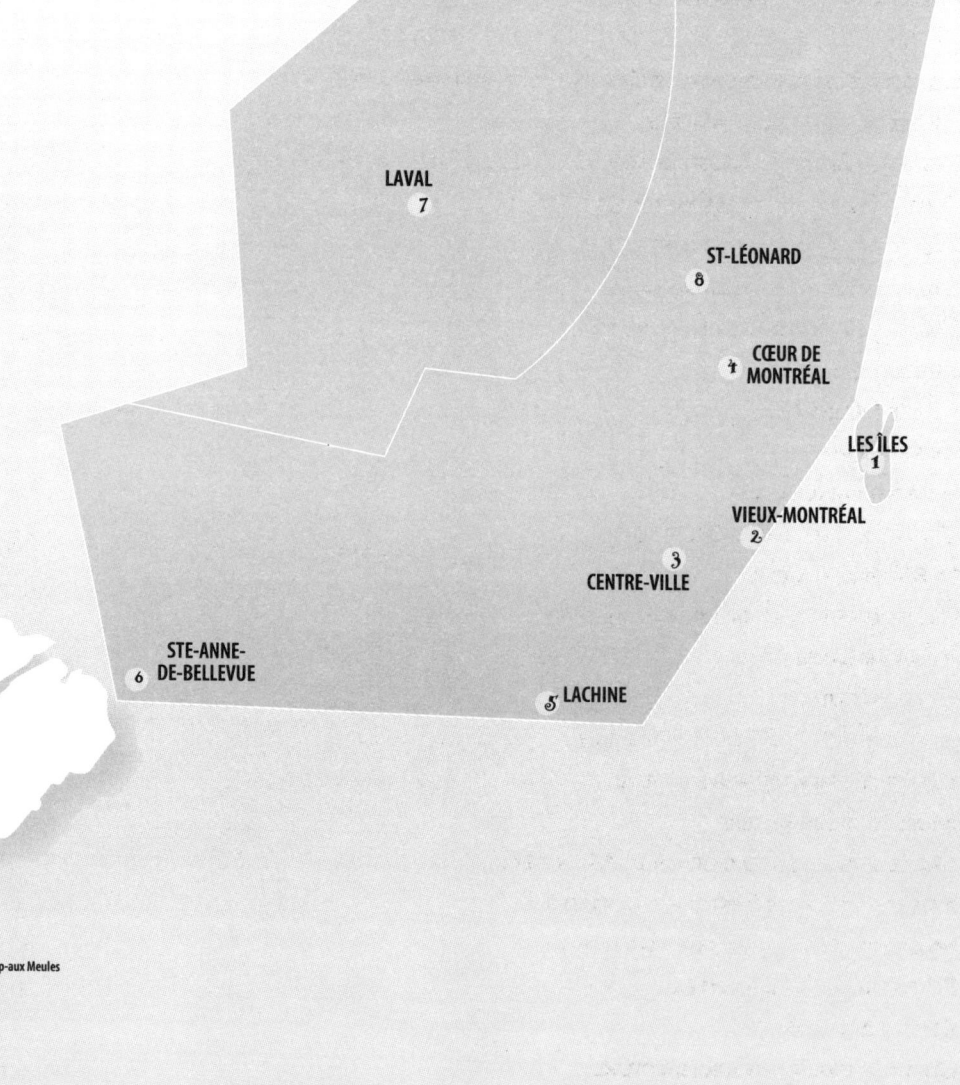

LA RONDE
Île Sainte-Hélène
Montréal (Qc) H3C 4G8

tél. : 1 800 361-7178

notes _____

_____

_____

_____

_____

_____

LA RONDE
Emmène-nous à La Ronde

À tout seigneur tout honneur : une visite de Montréal commence par le parc d'attractions le plus célèbre du Québec. La Ronde demeure, dans le souvenir des Montréalais, la grande reine de l'Exposition universelle de 1967. Au fil des ans, beaucoup de nouveaux manèges ont été installés et on prévoit que leur nombre frisera la quarantaine d'ici la fin du siècle. L'un des plus récents porte le doux nom de «Monstre», ce qui reflète assez bien l'effet qu'il produit sur les mordus de sensations fortes qui s'aventurent dans ses wagonnets. D'autres manèges ont traversé les années sans perdre de leur popularité. Ainsi, les barquettes flottantes qui dévalent la rivière artificielle de la Pitoune remportent le même succès qu'aux beaux jours d'Expo 67. De la fin de mai à la fin de juillet, la compétition internationale de feux d'artifice de La Ronde colore le ciel de Montréal de mille couleurs.

OCTGM

28

BIOSPHÈRE
Si la vie vous intéresse

*A*utre vestige d'Expo 67, le gigantesque dôme géodésique de la Biosphère, imaginé par l'architecte Buckminster Fuller, a connu un étrange destin. Il abrita, durant l'Exposition universelle, le pavillon des États-Unis, sûrement le plus couru de tous. Mais la matière acrylique dont il était recouvert étant très inflammable, il arriva ce qui devait arriver. En 1978, la boule de 60 m de hauteur fut rasée par le feu. Laissée pendant quelques années dans un état de semi-abandon, elle est devenue aujourd'hui la Biosphère, un haut lieu de diffusion des connaissances sur l'environnement. La salle «Découvertes» nous parle d'eau à l'aide d'une maquette de la Terre de 5 m de diamètre, alors que la salle «Visions» met en scène le fleuve Saint-Laurent et Montréal. Quant à la salle «Connexions», elle fourmille d'idées sur les moyens que peuvent prendre les enfants d'aujourd'hui (les adultes de demain) pour protéger leur planète. Des activités sont proposées aux groupes scolaires.

BIOSPHÈRE
160, chemin Tour-de-l'Île
Île Sainte-Hélène
Montréal (Qc) H3C 4G8

tél.: (514) 283-5000

notes _____

_____

_____

_____

_____

_____

VIEUX-FORT DE L'ÎLE SAINTE-HÉLÈNE
20, chemin Tour-de-l'Île
C.P. 12000, succ. A
Montréal (Qc) H3C 3P3

tél. : (514) 861-6701

notes _____

_____

_____

_____

_____

_____

_____

_____

_____

VIEUX-FORT DE L'ÎLE SAINTE-HÉLÈNE
À l'assaut de la forteresse de l'île

L e Vieux-Fort de l'île Sainte-Hélène, construit par les Britanniques au début du XIXe siècle, abrite aujourd'hui le musée David-M.-Stewart, qui raconte plus de quatre siècles d'histoire. Des armes à feu de toutes les époques, de magnifiques maquettes de bateaux, une reproduction du Montréal de 1760 et de fascinantes mappemondes d'époque composent sa riche collection. Tous les étés, deux corps d'armée – la Compagnie Franche de la Marine pour les Français et le 78e Régiment des Fraser Highlanders pour les Anglais – procèdent à des manœuvres militaires telles qu'elles étaient exécutées au XVIIe siècle.

PARC FLORAL DE L'ÎLE NOTRE-DAME
Un parcours parfumé

PARC FLORAL DE L'ÎLE NOTRE-DAME
Île Notre-Dame
Montréal (Qc) H3C 1A9

tél. : (514) 872-6093

notes _____

_____

_____

_____

_____

_____

_____

_____

_____

_____

_____

L'île Notre-Dame a été entièrement créée par l'homme. Sa construction a nécessité dix mois de travail et plus de quinze millions de tonnes de terre et de gravats qui avaient été retirés du sous-sol pour la construction du métro de Montréal en 1967. On y a aménagé de nombreux canaux sur lesquels les visiteurs peuvent faire du pédalo.

Baigné par ces rivières intérieures, le parc floral de l'île Notre-Dame, créé pour les Floralies de Montréal de 1980, étend ses beaux jardins. Depuis sa création, on a enrichi ce grand espace où se marient les fleurs de toutes les couleurs. Les milliers de roses du parc embaument les alentours. Du parc, on peut se rendre sur les rives du lac Notre-Dame, où se prélassent les baigneurs les jours de grande chaleur. Chaque année, l'île Notre-Dame est le théâtre du Grand Prix du Canada, l'une des étapes du circuit international de formule 1, les automobiles les plus rapides du monde. Les légendaires bolides vrombissent sous les yeux ravis des amateurs ivres de vitesse.

LIEU HISTORIQUE NATIONAL
DE SIR-GEORGE-ÉTIENNE-CARTIER
458, rue Notre-Dame E.
Montréal (Qc) H2Y 1C8

tél. : (514) 283-2282

notes _____

_____

_____

_____

_____

Vieux-Montréal

Le Vieux-Montréal regorge de lieux historiques qui nous enseignent
des choses fascinantes sur l'histoire du Québec et du Canada.
Situé à l'intérieur d'un périmètre autrefois entouré de hautes murailles
de protection contre les invasions militaires,
le Vieux-Montréal a connu au XIXe siècle une période de faste,
durant laquelle nombre de banques et de sièges sociaux d'entreprises ont été construits.
Aujourd'hui encore, ces imposants édifices côtoient des maisons du Régime français.
Rue Notre-Dame, on peut louer les services d'un cocher
pour une visite guidée du «Vieux» à bord d'une calèche.

LIEU HISTORIQUE NATIONAL DE SIR-GEORGE-ÉTIENNE-CARTIER
La demeure d'un géant

On a fait de la maison de cet homme politique canadien un lieu d'apprentissage de l'histoire. George-Étienne Cartier fut l'un des pères de la Confédération et un géant de la politique canadienne. L'intérieur de sa maison a conservé toutes les caractéristiques d'un intérieur bourgeois du XIXe siècle. C'était la grande époque du style victorien, avec ses décorations rococo et ses meubles cossus. Des effets sonores ajoutent encore plus de réalisme à cette ambiance d'autrefois. L'intérêt des visiteurs est stimulé par les jeunes comédiens qui assurent l'animation du lieu en personnifiant domestiques et bourgeois du XIXe siècle.

PATRIMOINE CANADIEN, PARCS CANADA

MUSÉE DU CHÂTEAU RAMEZAY
Un gouverneur bien logé

MUSÉE DU CHÂTEAU RAMEZAY
28, rue Notre-Dame E.
Montréal (Qc) H2Y 1B9

tél.: (514) 861-3708

notes _____

_____

_____

_____

_____

_____

C ette maison, si vaste qu'on lui a donné le nom de château, a appartenu au gouverneur Claude de Ramezay. La demeure-château abrite aujourd'hui un musée ethnographique qui aborde l'histoire de Montréal, le mode d'existence des Amérindiens sous les Régimes français et anglais ainsi que la vie quotidienne des domestiques de la maison.

OCTGM

POINTE-À-CALLIÈRE
MUSÉE D'ARCHÉOLOGIE ET D'HISTOIRE DE MONTRÉAL
350, place Royale
Montréal (Qc) H2Y 3Y5

tél.: (514) 872-9150

notes _____

_____

_____

_____

_____

_____

_____

_____

_____

POINTE-À-CALLIÈRE, MUSÉE D'ARCHÉOLOGIE ET D'HISTOIRE DE MONTRÉAL
Quand la terre raconte l'histoire

En plus de présenter chaque été une exposition thématique inspirée des six siècles d'histoire qu'il couvre, le musée de Pointe-à-Callière propose des visites animées par un personnel spécialement formé. Mi-comédiens, mi-conteurs, les guides disposent de répertoires adaptés aux diverses clientèles, qu'il s'agisse de familles, de jeunes enfants ou d'aînés. Les activités interactives faisant appel à la haute technologie sont très réussies; les visiteurs peuvent par exemple, grâce au traitement holographique en trois dimensions, converser avec des personnages des temps jadis saisissants de vérité. Des visites guidées sont offertes, de même que des programmes pédagogiques.

CENTRE D'HISTOIRE DE MONTRÉAL
Retour vers... le passé

CENTRE D'HISTOIRE DE MONTRÉAL
325, place d'Youville
Montréal (Qc) H2Y 3T1

tél.: (514) 872-3207

notes _____
_____
_____
_____
_____
_____
_____
_____
_____
_____
_____

Le bâtiment de la place d'Youville est irrésistible. L'architecture de cette ancienne caserne de pompiers, inspirée de celle des maisons hollandaises, est en effet fort originale. À l'intérieur, au beau milieu de la place, trône un tramway comme ceux qu'on trouvait dans les rues de Montréal au début du siècle. Un peu plus loin, on se retrouve dans un foyer typique des années 1940. Le centre fait largement appel à la technologie pour susciter la participation des visiteurs : procédés interactifs, mannequins parlants et diaporamas vous entraînent dans un réjouissant voyage à travers le temps.

Musée de la basilique Notre-Dame
110, rue Notre-Dame O.

tél. : (514) 842-2925

notes _____

_____

_____

Musée Marguerite-Bourgeoys
400, rue Saint-Paul E.

tél. : (514) 845-9991

notes _____

_____

_____

Musée de la Banque de Montréal
19, rue Saint-Jacques

tél. : (514) 877-6892

notes _____

_____

_____

Minimusées

Modestes, mais pleins de richesses.
C'est pas parce qu'on est petit qu'on n'est pas intéressant !
En dehors du circuit des attractions majeures, on trouve dans le Vieux-Montréal
des musées discrets et modestes qui cachent bien des trésors.

Musée de la basilique Notre-Dame

Situé tout à côté de la grande église, ce musée recèle une collection de riches vêtements liturgiques qui ont servi aux prêtres et aux évêques au cours des ans. Clou de l'exposition : le trône épiscopal de monseigneur de Pontbriand, le dernier évêque de Nouvelle-France. Le musée de la basilique n'est malheureusement ouvert que la fin de semaine. En revanche, l'entrée n'est que de 1 $.

Musée Marguerite-Bourgeoys

À l'arrière de la chapelle Notre-Dame-de-Bonsecours, ce musée retrace la vie d'une religieuse canadienne récemment canonisée. Une soixantaine de scènes illustrent les œuvres de la bonne Marguerite Bourgeoys, qui a consacré une partie de sa vie aux «filles du roy», ces jeunes femmes envoyées d'Europe pour peupler la Nouvelle-France.

LES ÉDITIONS L'ÉVEIL

Musée de la Banque de Montréal

Pour changer totalement de registre, on peut visiter le minuscule musée de la Banque de Montréal, aménagé dans le vaste édifice de la plus ancienne institution bancaire du pays. La collection comprend des billets de banque de diverses époques et de nombreuses tirelires mécaniques aussi jolies qu'ingénieuses.

ARCHIVES DE LA BANQUE DE MONTRÉAL

IMAGES DU FUTUR
Le choc technologique

IMAGES DU FUTUR
85, rue Saint-Paul O.
Montréal (Qc) H2Y 2Z1

tél.: (514) 849-1612

notes _____
_____
_____
_____
_____
_____

Cette exposition nous permet d'explorer les diverses facettes des récents progrès technologiques. Conception par ordinateur, réalité virtuelle, robotique, art futuriste, toutes ces nouvelles avenues sont abordées à l'aide d'appareils et d'installations qui rappellent aux visiteurs qu'en matière de technologie, la réalité dépasse la fiction.

SOC. VIEUX-PORT DE MONTRÉAL

MUSÉE MARC-AURÈLE-FORTIN
118, rue Saint-Pierre
Montréal (Qc) H2Y 2L7

tél. : (514) 845-6108

notes _____

_____

_____

_____

_____

_____

_____

_____

_____

_____

MUSÉE MARC-AURÈLE-FORTIN
À nos couleurs

Cette petite salle d'exposition aménagée dans un ancien entrepôt des Sœurs grises est consacrée à un seul homme, le peintre Marc-Aurèle Fortin. L'hommage est mérité, car Marc-Aurèle Fortin a toute sa vie fait un travail de création qui puisait dans nos racines québécoises les plus profondes. Cette recherche de l'authenticité a donné des couleurs vives sur fond noir, d'étonnantes compositions d'arbres et un caractère typiquement terrien aux sujets traités.

MUSÉE MARC-AURÈLE-FORTIN

CINÉMA IMAX
Plein la vue

CINÉMA IMAX
Quai King-Edward
Vieux-Port de Montréal

tél.: 1 800 349-IMAX

notes _____
_____
_____
_____
_____
_____

IMAX est une technologie cinématographique canadienne qui exige une pellicule photographique de 70mm (un film ordinaire utilise une pellicule de 35mm). Résultat: des images d'une qualité exceptionnelle projetées sur un écran faisant plus de sept étages de hauteur. Certaines productions IMAX utilisent en plus la technologie 3D. Alors là, c'est le cinéma ultime!

AMPHITOUR
Quai King-Edward
Vieux-Port de Montréal

tél. : (514) 849-5181

notes _____

_____

_____

_____

CROISIÈRES NOUVELLE-ORLÉANS
Quai Jacques-Cartier
Vieux-Port de Montréal

tél. : 1 800 667-3131

notes _____

_____

_____

_____

LE BATEAU-MOUCHE
Quai Jacques-Cartier
Vieux-Port de Montréal

tél. : 1 800 361-9952

notes _____

_____

_____

_____

CROISIÈRES ET EXCURSIONS SUR L'EAU
Vogue, vogue, tout le long de la rivière...

Les croisières et les excursions sont offertes en grand nombre au Vieux-Port de Montréal. Certaines mettent l'accent sur l'ambiance, d'autres misent plutôt sur les paysages qu'elles font découvrir aux matelots d'un jour.

L a plus originale des embarcations d'excursion demeure sans nul doute *l'Amphibus*. Ce véritable autobus amphibie roule dans les rues du Vieux-Montréal avant de plonger dans les eaux du fleuve.

P lus nostalgiques, les *Croisières Nouvelle-Orléans* proposent des balades autour de Montréal au son de gigantesques roues à aubes. Eh oui, le *Nouvelle-Orléans* est un véritable bateau à vapeur tel qu'on en trouvait sur le Mississippi de Tom Sayer.

L e *Bateau-mouche* est pour sa part plat et vitré. Sa vocation est de promener, presque au ras de l'eau, les excursionnistes qui voient défiler à travers ses larges baies vitrées les plus beaux rivages de Montréal.

CROISIÈRES ET EXCURSIONS SUR L'EAU
Vogue, vogue, tout le long de la rivière...

A ux **Croisières du port de Montréal**, ce sont des excursions vers les îles de Sorel et de Boucherville que l'on offre aux familles. Vous avez le choix entre des promenades de deux heures, d'une journée ou d'une soirée.

A vec le **Jet Saint-Laurent**, on passe à un rythme plus enlevant. Les bateaux-jets propulsent les excursionnistes à haute vitesse sur les eaux du fleuve en effectuant des virages et des sauts de vagues spectaculaires.

L a croisière **Saute-Moutons**, très bien nommée, entraîne ses passagers dans un palpitant jeu de saute-mouton... Vous l'aurez deviné, ce sont les moutons d'écume des rapides de Lachine qui servent de terrain de jeu.

CROISIÈRES DU PORT DE MONTRÉAL
Quai de l'Horloge
Vieux-Port de Montréal

tél.: 1 800 667-3131

notes _____
_____
_____
_____

JET SAINT-LAURENT
Quai Jacques-Cartier
Vieux-Port de Montréal

tél.: (514) 284-9607

notes _____
_____
_____
_____

SAUTE-MOUTONS
Quai de l'Horloge
Vieux-Port de Montréal

tél.: (514) 284-9607

notes _____
_____
_____
_____

QUARTIER CHINOIS DE MONTRÉAL
Rue De La Gauchetière, au sud de Sainte-Catherine

notes _____

_____

_____

_____

_____

_____

_____

_____

_____

QUARTIER CHINOIS DE MONTRÉAL
Exotisme garanti

CHAMBRE DE COMMERCE DU QUARTIER CHINOIS DE MONTRÉAL

Fondé à la fin du XIXe siècle par des Chinois venus travailler à la construction des chemins de fer, le quartier chinois de Montréal a pendant longtemps été une «ville dans la ville», un quartier très populeux isolé du reste de Montréal. La vocation du quartier est aujourd'hui plus commerciale que résidentielle, mais l'atmosphère de la rue De La Gauchetière plonge les visiteurs dans le plus total exotisme oriental. Les boutiques proposent de nombreux produits importés d'Extrême-Orient. La diversité ainsi que la qualité des restaurants font du quartier un haut lieu de la gastronomie.

MUSÉE JUSTE POUR RIRE
S'instruire en rigolant

Voici le seul musée d'envergure internationale dédié à l'humour. De l'humour noir au burlesque en passant par le grotesque, la parodie et l'illusion sensorielle, le musée Juste pour rire explore toutes les facettes de l'humour et plus encore. Pour le montage des expositions, on a fait appel à des scénaristes à l'imagination délirante et aux technologies les plus modernes. Constamment sollicité, interpellé et informé, le visiteur fait plus que rigoler : il participe, joue et s'instruit.

MUSÉE JUSTE POUR RIRE
2111, boul. Saint-Laurent
Montréal (Qc) H2X 2T5

tél. : (514) 845-4000

notes _____
_____
_____
_____
_____
_____
_____
_____
_____
_____

MUSÉE JUSTE POUR RIRE

43

MUSÉE D'ART CONTEMPORAIN DE MONTRÉAL
185, rue Sainte-Catherine O.
Montréal (Qc) H2X 1Z8

tél.: (514) 847-6226

notes _____

_____

_____

_____

_____

_____

_____

_____

_____

MUSÉE D'ART CONTEMPORAIN DE MONTRÉAL
L'art dans tous ses états

L'occasion rêvée de s'initier à l'art tel qu'il est conçu et pratiqué par les artistes de notre époque. Le parcours des huit salles du musée est jalonné de tableaux et d'installations aux styles originaux, étonnants et parfois humoristiques. Des artistes modernes du monde entier côtoient des peintres québécois comme Alfred Pellan, Jean-Paul Riopelle et Paul-Émile Borduas, qui ont contribué à révolutionner l'art chez nous. Des rencontres avec des artistes sont organisées.

MUSÉE McCORD D'HISTOIRE CANADIENNE
Je me souviens...

MUSÉE McCORD D'HISTOIRE CANADIENNE
690, rue Sherbrooke O.
Montréal (Qc) H3A 1E9

tél.: (514) 398-7100

notes _____

_____

_____

_____

_____

_____

_____

T rès couru par les visiteurs étrangers, le McCord est considéré comme l'un des plus intéressants musées historiques du Canada. Il se démarque des autres parce qu'il est dédié à l'histoire sociale du pays et à la vie

quotidienne des Canadiens au cours des siècles. Outre une fascinante collection photographique, le musée présente de nombreux objets, vêtements, outils et meubles qui témoignent d'un riche passé. L'exposition permanente «Les premières nations au Canada» nous donne un véritable cours sur les peuples autochtones qui naguère peuplaient le territoire d'un océan à l'autre. Chaque année, le musée propose une nouvelle exposition sur un thème intéressant.

MUSÉE DES BEAUX-ARTS DE MONTRÉAL
1380, rue Sherbrooke O.
C.P. 3000, succ. H
Montréal (Qc) H3G 2T9

tél.: (514) 285-1600

notes _____

_____

_____

_____

_____

PLANÉTARIUM DE MONTRÉAL
1000, rue Saint-Jacques O.
Montréal (Qc) H3C 1G7

tél.: (514) 872-4530

notes _____

_____

_____

_____

_____

_____

MUSÉE DES BEAUX-ARTS DE MONTRÉAL
Le beau de tous les âges, sous toutes ses formes

i l y a déjà plus de 130 années que le musée des Beaux-Arts de Montréal poursuit sa mission de promotion et de diffusion de l'expression artistique. Il s'agit du plus ancien musée consacré à l'art en terre canadienne. Au fil des décennies, l'établissement a accumulé des œuvres de toutes tendances et de toutes les époques, se donnant ainsi l'une des plus importantes collections du Nouveau Monde. Le visiteur se promène à loisir dans les 65 salles d'exposition découvrant, par exemple, d'extraordinaires estampes de l'Antiquité, d'audacieuses œuvres d'artistes québécois, des sculptures inuites du Grand Nord. Le musée des Beaux-Arts accueille aussi régulièrement des expositions temporaires d'envergure. Les plus grands noms y ont séjourné: Picasso, Chagall, Miro, etc.

PLANÉTARIUM DE MONTRÉAL
Le silence des espaces infinis...

T ous les ans, les concepteurs du Planétarium imaginent des spectacles thématiques sur les espaces intergalactiques. Leur but: rendre accessible à tous la science astronomique. Au programme: les collisions célestes, les éclipses, l'étoile des Rois mages et une foule d'autres mystères aux dimensions de l'univers. Des programmes éducatifs sont offerts.

CENTRE MOLSON
Bienvenue chez les Glorieux !

Comme son prédécesseur, le célèbre Forum, la nouvelle patinoire des Canadiens deviendra certainement l'une des plus connues du monde. Le Centre Molson est immense et pourvu des équipements modernes les plus perfectionnés. Sur la lancée du vieil édifice, qui fut le théâtre des exploits des Jean Béliveau, Maurice Richard et compagnie, le Forum version 1996 deviendra un temple où, chaque hiver, les Québécois viendront vivre leur passion, le hockey, et rendre hommage à leurs héros, les gars de la «sainte-flanelle», ainsi que l'on surnomme les Canadiens de Montréal. L'occasion sera belle de vérifier si les fantômes du Forum auront transporté leurs pénates dans le nouvel édifice. La visite du Centre Molson est une expérience que tout amateur de hockey se doit d'avoir vécue au moins une fois dans sa vie. Et c'est très facile puisque des visites guidées sont offertes.

CENTRE MOLSON
1250, De La Gauchetière O.
Montréal (Qc) H3B 5E8

tél.: (514) 932-2582

notes _____

PHOTOTÈQUE, CLUB DE HOCKEY CANADIEN, INC

47

CENTRE CANADIEN D'ARCHITECTURE
1920, rue Baile
Montréal (Qc) H3H 2S6

tél.: (514) 939-7026

notes _____

_____

_____

_____

_____

_____

_____

_____

_____

_____

CENTRE CANADIEN D'ARCHITECTURE
L'art qui bâtit

C e vaste centre thématique a été fondé par l'architecte et environnementaliste Phyllis Lambert. C'est elle-même qui, avec l'aide de l'architecte Peter Rose, a conçu les plans de rénovation et de construction du bâtiment. Le centre renouvelle ses expositions tous les ans, de manière à nous faire découvrir de nouvelles facettes de l'architecture, en passant des maquettes aux gratte-ciel, des igloos aux pyramides. Pour ceux qui ne veulent rien manquer, des visites guidées sont organisées.

LES TOURS DE MONTRÉAL
Haut, haut, haut...

ÉDIFICE
1250, BOUL. RENÉ-LÉVESQUE

Ce grand édifice compte 47 étages et projette son ombre gigantesque sur l'église Saint-Georges, qui paraît toute petite à son pied. Les architectes Kohln, Pederson et Fox ont choisi de marier le granite et le verre pour donner des formes audacieuses et une texture élégante à l'immeuble. La tour abrite un très joli jardin d'hiver où poussent des bambous.

SOCIÉTÉ IMMOBILIÈRE MARATHON LTÉE

ÉDIFICE 1250, BOUL. RENÉ-LÉVESQUE
1250, boul. René-Lévesque O.
Montréal (Qc) H3B 4R3

tél.: (514) 939-0960

notes _____
_____
_____
_____
_____
_____
_____
_____
_____
_____

LE 1000, DE LA GAUCHETIÈRE
1000, De La Gauchetière O.
Montréal (Qc) H3B 2W5

tél.: (514) 395-0555

notes _____
_____
_____
_____
_____
_____
_____
_____
_____

LE 1000, DE LA GAUCHETIÈRE

La construction de cette tour de 51 étages a été terminée en 1992. Sa forme caractéristique couronnée d'un faîte de cuivre s'est imposée dans le paysage montréalais au point de devenir l'un des symboles de la ville. L'édifice atteint la hauteur maximale permise à Montréal, car dans la métropole, nulle construction ne peut dépasser la cime du mont Royal. On a de plus voulu donner à la tour un petit air de Rockefeller Center de New York en la dotant d'une patinoire intérieure, l'Amphithéâtre Bell, ouverte au public en toute saison. Les visiteurs peuvent y louer des patins.

TRIZEC

PLACE MONTRÉAL TRUST

Pendant la reprise économique du milieu des années 1980, un vent de prospérité a soufflé sur certaines parties du centre-ville. L'avenue McGill College compte parmi ces endroits qui ont subi une métamorphose totale. Élargie, reconstruite et plantée d'énormes immeubles postmodernes, cette artère fait maintenant partie des grandes avenues d'Amérique. Garnies de chrome, de verre et de granite poli, les tours qui s'y profilent reflètent l'esprit novateur et ambitieux du monde des affaires montréalais. La Place Montréal Trust, ornée de blocs roses et de vitrines d'un bleu pastel, est caractéristique de la nouvelle architecture des immeubles d'entreprises financières. Sa silhouette évoque celle d'un titan venu d'un autre monde. L'intérieur n'est pas moins impressionnant : un ascenseur panoramique donne directement sur la fontaine de bronze qui orne le vaste atrium. Dans le hall, on peut obtenir une foule de renseignements sur le Montréal souterrain, cette ville sous la ville qui permet aux clients des grands hôtels de passer aux grands magasins, aux gares ferroviaires et aux cinémas sans mettre le nez dehors.

OCTGM

PLACE MONTRÉAL TRUST
1800, av. McGill College
Montréal (Qc) H3A 3J6

tél. : (514) 845-1300

notes _____

_____

_____

_____

_____

_____

_____

_____

_____

_____

LE 1981, AVENUE McGILL COLLEGE
1981, av. McGill College
Montréal (Qc) H3A 3K3 (Banque Laurentienne) ou
          H3A 2W8 (BNP)

tél.: Édifice Banque Laurentienne: (514) 284-4500
      Édifice BNP: (514) 285-6000

notes _____

_____

_____

_____

_____

TOUR DE LA BOURSE DE MONTRÉAL
800, square Victoria
Montréal (Qc) H4Z 1A9

tél.: 1 800 361-5353

notes _____

_____

_____

_____

_____

_____

_____

LE 1981, AVENUE McGILL COLLEGE

Ces deux larges tours comptant 16 et 20 étages forment une gigantesque équerre au centre de laquelle trône une sculpture au traitement coloré et ironique, *La Foule illuminée*, de l'artiste franco-britannique Raymond Masson. Il s'agit d'un des ensembles d'architecture moderne les mieux réussis à Montréal.
Le vaste hall de plus de 11 m de hauteur, orné d'acier et de granite, témoigne du souci des principaux occupants, institutions bancaires, de présenter une image de solidité et de dynamisme.

TOUR DE LA BOURSE DE MONTRÉAL

La Bourse de Montréal, fondée en 1874, est la plus vieille institution du genre au Canada. Elle a cependant subi un dur coup lors du krach de 1930 et n'est redevenue véritablement active que dans les années 60. La construction du complexe de 47 étages, en 1964, devait refléter le nouveau dynamisme économique montréalais; le projet initial devait d'ailleurs compter au moins deux tours, mais on s'est limité au bâtiment actuel. Durant les années 1980, la Bourse a connu une expansion spectaculaire qui l'a classée au premier rang des bourses canadiennes sur le chapitre de la croissance. Avec les années 1990, cette remontée a considérablement ralenti. Mais on prévoit pour elle un avenir intéressant au troisième millénaire. En somme, la Bourse de Montréal est à l'image des actions de ses compagnies membres: elle fluctue. Des visites commentées s'adressent particulièrement à la clientèle étudiante.

PLACE VILLE-MARIE

Les Montréalais l'appellent familièrement le «cruciforme» à cause du déploiement en forme de croix de ses quatre tours en aluminium. Durant les années 1960, la Place Ville-Marie symbolisa l'entrée du Québec dans la modernité et fut le premier élément d'importance chapeautant la ville souterraine. Pei, l'architecte qui l'a conçue, a aussi dessiné la pyramide du musée du Louvre à Paris.

PLACE VILLE-MARIE
1, place Ville-Marie
Montréal (Qc) H3B 4R7

tél. : (514) 861-9393

notes _____
_____
_____
_____
_____
_____
_____
_____
_____
_____
_____
_____

COMPLEXE DESJARDINS
Angle rues Sainte-Catherine O. et Saint-Urbain

tél.: (514) 281-1870

notes _____
_____
_____
_____
_____
_____
_____
_____
_____
_____

COMPLEXE DESJARDINS

C e grand ensemble architectural est un modèle du savoir-faire du peuple québécois. L'immense place intérieure du complexe Desjardins convient parfaitement aux Montréalais, qui y sont à l'abri des intempéries, en gardant tout de même l'impression d'être à l'extérieur. Au centre du complexe, des galeries étagées donnent sur une scène où ont lieu divers spectacles et l'enregistrement d'émissions télévisées.

PLACE DESJARDINS INC.

LASER QUEST
Dzouit ! T'es mort !

D ans un grand bâtiment soigneusement isolé de l'extérieur, on a déployé un labyrinthe dans lequel se perdent avec délices les aventuriers du grand jeu de la guerre du laser. À l'entrée, on vous assigne une mission dont vous devrez sortir indemne, c'est-à-dire sans avoir été atteint par vos adversaires munis comme vous de pistolets à rayon laser. De l'avis de nombreux jeunes, ce grand jeu inspiré de la science-fiction est rapide et des plus excitants. Une «mission» ne dure pas plus de vingt minutes, mais quel quart d'heure !

CINÉMATHÈQUE QUÉBÉCOISE ET MUSÉE DU CINÉMA
Silence, on tourne !

S' il est un art par lequel s'exprime le choc de la modernité, c'est bien le cinéma. Le Québec représente à cet égard une société exemplaire. À travers les productions qui ont, en 100 ans d'histoire du cinéma, imprimé leur marque sur plus de trois générations, c'est toute l'évolution du Québec que nous pouvons retracer. La Cinémathèque québécoise s'est donné pour mission de préserver et de promouvoir les documents filmés québécois et étrangers qui constituent des témoins inestimables de l'histoire du XXe siècle. La Cinémathèque propose deux projections de films par jour. Les productions sont puisées dans sa collection qui compte quelque 28 000 œuvres. L'entrée comprend la visite de la salle d'exposition, qui contient des milliers d'affiches, des caméras et des appareils de projection. Attenante à la Cinémathèque se trouve la plus grande bibliothèque consacrée au cinéma en Amérique du Nord; on peut la visiter gratuitement.

N.B. En raison de travaux de rénovation, la cinémathèque sera fermée pour l'année 1996.

LASER QUEST
1226, rue Sainte-Catherine O.
Montréal (Qc) H3G 1P3

tél.: (514) 393-3000

notes _____
_____
_____
_____
_____
_____
_____
_____

CINÉMATHÈQUE QUÉBÉCOISE ET MUSÉE DU CINÉMA
335, boul. de Maisonneuve E.
Montréal (Qc) H2X 1K1

tél.: (514) 842-9763

notes _____
_____
_____
_____
_____
_____
_____
_____

ORATOIRE SAINT-JOSEPH
3800, chemin de la Reine-Marie
Montréal (Qc) H3V 1H6

tél.: (514) 733-8211

notes _____

_____

_____

_____

_____

_____

_____

_____

_____

_____

ORATOIRE SAINT-JOSEPH
La dévotion d'un homme

Cette immense église relate l'histoire d'un homme dont la dévotion à saint Joseph a littéralement fait des miracles. Le bon frère André ne fut pas seulement l'inspirateur et le principal artisan de l'oratoire Saint-Joseph, mais il fut aussi gardien des lieux et guérisseur inspiré. Pendant les premières décennies de ce siècle, les gens accouraient de partout au pays (et même des États-Unis, assurent certains) pour rencontrer le célèbre frère, un homme modeste et effacé qui devait sa grande notoriété à un mystérieux et miraculeux pouvoir de guérison. À l'intérieur de la basilique, on trouve deux petits musées: le premier est dédié à l'art sacré, le second au frère André. Sur le flanc de la montagne on peut admirer le chemin de la croix extérieur où furent tournées de nombreuses scènes du film *Jésus de Montréal*. Des visites guidées sont offertes.

CENTRE COMMÉMORATIF DE L'HOLOCAUSTE À MONTRÉAL
Pour se souvenir de ne pas oublier

ci, la devise «Je me souviens» prend un sens bien particulier. Visiter le Centre commémoratif, c'est saisir une occasion d'en savoir plus sur l'une des plus grandes tragédies de tous les temps, celle de l'extermination massive des populations juives par les nazis à la solde d'Adolph Hitler. Fondé en 1979 par l'Association des survivants de l'oppression nazie, le centre organise des expositions à partir des photographies, documents écrits, objets et éléments historiques que ses conservateurs recueillent auprès des survivants, des parents des victimes et des témoins. La visite guidée de l'exposition permanente constitue un voyage instructif au cœur de l'histoire contemporaine. À la fin de la visite, un survivant des camps de la mort répond à vos questions, sobrement mais sans rien vous cacher. Fortement conseillé à ceux qui veulent savoir jusqu'où peuvent conduire le racisme et l'intolérance.

CENTRE COMMÉMORATIF
DE L'HOLOCAUSTE À MONTRÉAL
5151, chemin de la Côte-Sainte-Catherine
Montréal (Qc) H3W 1M6

tél.: (514) 345-2605

notes _____

_____

_____

_____

_____

_____

_____

_____

_____

_____

STADE OLYMPIQUE DE MONTRÉAL
4549, av. Pierre-de-Coubertin
Montréal (Qc) H1V 3N7

tél.: (514) 252-8687

notes _____

_____

_____

_____

_____

_____

STADE OLYMPIQUE DE MONTRÉAL
La démesure

Le Stade olympique est le domaine des Expos de Montréal, l'équipe de baseball professionnel de la ville, chouchou des Montréalais. Les joueurs le surnomment *The Big O*, à cause de son appellation olympique mais aussi de sa forme ovale caractéristique. Son immense structure de béton repose sur 34 consoles aux dimensions colossales. L'enceinte peut accueillir près de 60 000 spectateurs. La vue du haut des gradins supérieurs crée un choc: un espace intérieur aussi vaste donne une saisissante impression de gigantisme.

Au cours de la visite guidée, on peut monter dans l'ascenseur du mât, qui culmine à 175 m. Cette tour penchée, la plus haute du monde, a été admise au sein de la prestigieuse Fédération mondiale des grandes tours. Malgré son inclinaison, les passagers du funiculaire qui glisse sur son flanc demeurent toujours à l'horizontale, grâce à un système de gyroscope qui maintient la cabine parallèle au plancher des vaches. Du sommet, on jouit de l'une des plus belles vues qui soient sur Montréal et les alentours puisque par beau temps, le regard porte jusqu'à près de 100 km. On a également une vertigineuse vue plongeante sur l'intérieur du stade.

BIODÔME DE MONTRÉAL
Destination : planète Terre

BIODÔME DE MONTRÉAL
4277, av. Pierre-de-Coubertin
Montréal (Qc) H1V 1B3

tél. : (514) 868-3000

notes _____

_____

_____

_____

_____

_____

Dans le large bâtiment de 10 000 m² qui abritait le vélodrome olympique pour les Jeux de 1976, on a reproduit quatre des principaux écosystèmes de notre continent. On a l'impression de visiter une version miniature de notre planète. On passe ainsi des tropiques à la forêt laurentienne, puis des eaux du Saint-Laurent aux régions subpolaires. Tout y est : oiseaux en liberté, poissons et plantes aquatiques, mammifères et végétation, avec climat réel en prime. Écologistes en herbe, ne pas s'abstenir.

OCTGM

Grande région de Montréal

JARDIN BOTANIQUE DE MONTRÉAL
4101, rue Sherbrooke E.
Montréal (Qc) H1X 2B2

tél. : (514) 872-1400

notes _____
_____
_____
_____
_____
_____

JARDIN BOTANIQUE DE MONTRÉAL
C'est beau la vie !

L e Jardin botanique est à l'image de son fondateur, le frère Marie-Victorin : un géant de la science botanique. Vous n'aurez pas trop d'une journée pour parcourir les 73 hectares de jardin. Dès l'entrée principale, rue Sherbrooke, on plonge dans le paysage coloré des jardins d'accueil où s'épanouissent, du printemps à l'automne, des milliers de fleurs. Suivent un peu plus loin les jardins d'exposition où on peut faire connaissance avec les plantes du Québec ; certaines sont vénéneuses, d'autres se mangent, d'autres encore ont des vertus médicinales.

Mais le clou de ce spectacle végétal est sans conteste la section dédiée aux jardins d'Extrême-Orient. Le jardin chinois, réplique d'un aménagement d'arbustes, de rochers et de ruisselets de l'époque de la dynastie Ming qui a régné sur le pays de Confucius voilà 700 ans, est le plus grand jardin chinois... hors de Chine. Dans l'un des sept pavillons aux toits en pagode, on apprend que, plus que de simples arrangements floraux, les jardins étaient pour les anciens Chinois l'expression d'une philosophie, de leur vision de la vie. Au fait, savez-vous ce qu'est un Penjing ! N'hésitez pas à le demander : vous ne le regretterez pas.

Même si leur jardin est de dimensions plus modestes, les Japonais ne sont pas en reste. Dans l'espace réservé aux jardiniers du pays du Soleil-Levant, se trouve une extraordi- naire collection de bonsaïs, ces arbres minuscules vieux de plusieurs décennies, voire de quelques siècles. Dans le pavillon du jardin, on peut assister à une cérémonie du thé, un rituel délicat et complexe pratiqué par les Japonais depuis la nuit des temps et qui revêt pour eux une signification spirituelle profonde.

Le Jardin botanique compte plus de 10 serres et 30 jardins extérieurs qui ont été amé- nagés selon un double objectif : instruire et émerveiller le visiteur. Mission accomplie !

INSECTARIUM DE MONTRÉAL
Bibitologues, à vos loupes

INSECTARIUM DE MONTRÉAL
4581, rue Sherbrooke E.
Montréal (Qc) H1X 2B2

tél.: (514) 872-8753

notes _____
_____
_____
_____
_____
_____
_____
_____
_____
_____

Sur le site du Jardin botanique se trouve une gigantesque «bibite» prête à avaler les passants qui s'aventurent dans les parages. Pas de quoi s'épouvanter cependant, puisqu'il s'agit du bâtiment abritant l'Insectarium de Montréal. Les architectes ont en effet donné une forme d'insecte à ce pavillon consacré au fascinant univers de ces petites bêtes infatigables qui rampent, volent, construisent, tissent, piquent ou dévorent. Que ceux qui ont peur des bestioles se rassurent: presque tous les insectes de ce musée pas comme les autres sont naturalisés et épinglés sur des cartons. Quant aux insectes vivants, ils sont sous verre, donc sans danger. Des programmes éducatifs sont offerts sur les lieux.

OCTGM

LE CHÂTEAU DUFRESNE
MUSÉE DES ARTS DÉCORATIFS DE MONTRÉAL
2929, rue Jeanne-d'Arc
Montréal (Qc) H1W 3W2

tél.: (514) 259-2575

notes _____
_____
_____
_____
_____
_____
_____
_____
_____

LE CHÂTEAU DUFRESNE
MUSÉE DES ARTS DÉCORATIFS DE MONTRÉAL
Luxe, calme et volupté

C e palace fut autrefois la maison de deux riches héritiers d'un magnat de la chaussure du début du siècle. Visiblement, Marius et Oscar Dufresne entendaient se loger avec distinction. Près de 80 ans après sa construction, la maison des deux frères dégage une impression de luxe indéniable avec ses 44 pièces, ses meubles extravagants, ses sculptures de bronze et ses immenses fresques murales. Ce mélange des genres pourrait être résumé par l'expression «style nouveau riche, 1918». Mis à part le luxe décoratif d'origine, le château des frères Dufresne abrite la collection Stewart, du nom des donateurs Liliane et David Stewart, qui ont offert au musée de nombreux objets d'art. Cette collection contient de très beaux articles fabriqués avec tous les matériaux artistiques possibles : verre, terre cuite, tissus...

MUSÉE DE LACHINE
Pardon, un *peu plus* à l'Est

MUSÉE DE LACHINE
110, chemin de Lasalle
Lachine (Qc) H8S 2X1

tél.: (514) 634-3471

notes _____

_____

_____

_____

_____

*L*achine fut nommée au temps où des explorateurs s'acharnaient à trouver un passage vers la Chine via les Amériques, alors que la cartographie de la planète restait largement imprécise. Les richesses d'Orient sont demeurées hors d'atteinte, mais les Montréalais, de tempérament moqueur, décidèrent d'appeler l'endroit «La Chine», surnom qui devint par la suite toponyme officiel.

La maison dans laquelle est aménagé le Musée de Lachine est l'une des plus anciennes constructions de la région de Montréal. Il s'agit d'un ancien comptoir de traite des fourrures bâti en 1669. Les étroites fentes qui entaillent les murs du bâtiment, appelées meurtrières, témoignent de l'époque mouvementée des guerres avec les Amérindiens. Aujourd'hui, le fort abrite des objets et des meubles qui remontent aux premiers temps de la colonie, mais sert également de salle d'exposition d'art actuel. Un trait d'union entre le passé et l'avant-garde, en somme.

ARCHIVES NATIONALES DU CANADA

63

**LIEU HISTORIQUE NATIONAL
DU COMMERCE-DE-LA-FOURRURE-À-LACHINE**
1255, boul. Saint-Joseph
Lachine (Qc) H8S 2M2

tél.: (514) 637-7433

notes _____

_____

_____

_____

_____

LIEU HISTORIQUE NATIONAL DU COMMERCE-DE-LA-FOURRURE-À-LACHINE
Des toisons à foison

Pendant longtemps, les seules richesses qui, au pays, paraissaient dignes d'intérêt pour les nations européennes étaient les peaux de bêtes trappées par les Amérindiens et les coureurs des bois. Pendant plus de deux siècles, l'embouchure des rapides de Lachine a représenté la plaque tournante du commerce de la fourrure sur le continent.

Après que les Français eurent abandonné le poste où se trouve l'actuel musée de Lachine, les Anglais occupèrent l'endroit pour y tenir le même commerce. En 1803, les marchands de la Compagnie de la Baie d'Hudson construisirent un vaste entrepôt de pierre qui fut longtemps le principal lieu stratégique de la compagnie.

C'est dans ce bâtiment qu'on a choisi de reconstituer l'époque où les puissants marchands se disputaient les lucratives toisons. On peut y contempler d'antiques objets liés à la traite, des vêtements de peau, des ballots de fourrures et des produits d'échange destinés aux autochtones. La vie des trappeurs, des tribus indiennes et des marchands est abordée par le biais d'expositions temporaires, et des animateurs-comédiens jouent, au grand plaisir des enfants, les rôles des commerçants écossais de la Hudson Bay Company, des Amérindiens et des trappeurs français.

OCTGM

CENTRE D'INTERPRÉTATION DU CANAL DE LACHINE
Un précieux passage

CENTRE D'INTERPRÉTATION DU CANAL DE LACHINE
Angle 7e Avenue et boul. Saint-Joseph, Lachine

tél.: (514) 637-7433

notes _____

_____

_____

_____

_____

_____

D eux siècles après leur arrivée dans le Nouveau Monde, les Européens se heurtaient encore à une barrière naturelle infranchissable : les terribles rapides de Lachine. Pas un bateau, si solide ou rapide fût-il, ne pouvait voguer dans les eaux mouvementées du «portage» de Lachine. Les choses ont changé en 1825 : avec l'ouverture du canal de Lachine, les bateaux de marchandises pouvaient désormais remonter jusqu'aux Grands Lacs. Le Saint-Laurent devint l'une des plus grandes routes maritimes du monde. On était alors au début de l'ère industrielle, au temps des premiers grands projets modernes. De nombreuses industries ont poussé à proximité des nouvelles installations du canal, devenu la porte d'entrée vers le centre du continent. Depuis l'aménagement de la voie maritime du Saint-Laurent sur la portion sud du fleuve, le canal est devenu désuet et la vocation industrielle de ses abords a considérablement diminué.

Situé à l'embouchure du vieux canal, le Centre d'interprétation retrace les grands moments de la construction du couloir marin qui a permis aux navires de contourner les rapides. Tout près, le parc René-Lévesque offre une vue magnifique sur le lac Saint-Louis. De nombreuses sculptures y ont été érigées.

MUSÉE DE LA VILLE DE LACHINE, SCULPTEUR DOMINIQUE ROLLAND

ÉCOMUSÉUM DE LA VALLÉE DU SAINT-LAURENT
21125, chemin Sainte-Marie
Sainte-Anne-de-Bellevue (Qc) H9X 3L2

tél.: (514) 457-9449

notes _____

_____

_____

_____

_____

_____

_____

ÉCLUSES DE SAINTE-ANNE-DE-BELLEVUE
170, rue Sainte-Anne
Sainte-Anne-de-Bellevue (Qc) H9X 1N1

tél.: (514) 457-5546

notes _____

_____

_____

_____

_____

_____

_____

ÉCOMUSÉUM DE LA VALLÉE DU SAINT-LAURENT
Mer et merveilles

C e musée à mission écologique reflète par son contenu toute la richesse de la flore et de la faune de l'immense vallée du Saint-Laurent, l'artère vitale du Québec. Un musée nouveau genre qui tient à la fois du zoo, du jardin botanique, de l'aquarium et du centre de recherche, et auquel on a greffé des activités muséologiques. L'établissement offre également des activités intérieures et extérieures destinées à présenter aux visiteurs les plantes, les animaux et l'histoire de la vallée du Saint-Laurent.

ÉCLUSES DE SAINTE-ANNE-DE-BELLEVUE
Et au bord de l'eau

BUREAU TOURISTIQUE DU WEST ISLAND

L a promenade qui longe l'écluse liant le fleuve Saint-Laurent à la rivière des Outaouais est un petit bijou d'intégration. Il y a quelques années à peine, Parcs Canada se contentait d'entretenir un parc plutôt sommaire. L'usage des terrains fédéraux fut cédé à la municipalité pour les fins du projet de développement des écluses. D'autres portions de terrains appartenant à des commerçants sont venues compléter la bande riveraine. Le résultat est un magnifique espace de contact avec l'eau, où terrasses et restaurants abondent. On peut y observer à loisir le fonctionnement de l'écluse, le mécanisme des portes et le remplissage des bassins.

ARBORETUM MORGAN
La pause nature

ARBORETUM MORGAN
Angle chemin des Pins et chemin Sainte-Marie
Sainte-Anne-de-Bellevue

tél. : (514) 398-7811

notes _____

_____

_____

_____

_____

_____

L es grands espaces verts de l'Arboretum Morgan offrent de quoi réjouir tous les écologistes. Ce sont plus de 20 km de sentiers qui attendent les visiteurs. Des arbres de toutes les espèces encadrent les petits chemins ombragés. Les oiseaux y sont aussi nombreux et il est possible d'observer le passage de certains autres, au moment de la migration.

ARBORETUM MORGAN

67

FERME MACDONALD
21111, chemin Lakeshore
Sainte-Anne-de-Bellevue (Qc) H9X 1S2

tél.: (514) 398-7701

notes _____
_____
_____
_____
_____

FERME MACDONALD
On s'y cultive

Une visite à la ferme expérimentale du Collège MacDonald du département d'Agriculture de l'Université McGill, c'est l'occasion de constater à quel point une ferme peut être fascinante. À l'étable, on apprend tout sur les techniques les plus modernes de garde et d'exploitation des animaux d'élevage. La production de lait y occupe une large place. Mais l'activité qui remporte le plus de succès reste bien sûr la rencontre des chèvres et des moutons de la ferme. De plus, on a eu la bonne idée d'aménager des aires de pique-nique et d'offrir des visites guidées.

UNIVERSITÉ MCGILL, DIETRICK NEBELUY

COSMODÔME
Spatialement intéressant

COSMODÔME
2150, autoroute des Laurentides
Laval (Qc) H7T 2T8

tél.: (514) 978-3600
       1 800 565-2267 (CAMP)

notes _____

_____

_____

_____

_____

_____

*L*e Cosmodôme abrite un centre des sciences de l'espace et un camp spatial. Le Centre des sciences de l'espace est un tout nouveau complexe scientifique traitant des connaissances sur l'univers et des techniques d'exploration de l'espace. Sur un mode interactif, ce musée relève le pari de transporter les visiteurs aux confins des espaces intersidéraux. Le parcours est axé sur trois grands thèmes : l'espace-utile, qui donne une foule de renseignements sur les plus récentes technologies aérospatiales ; l'espace-temps, qui relate l'histoire de la conquête de l'espace ; enfin, l'exploration, qui nous fait entrevoir ce que le futur nous réserve. Sont particulièrement réussis l'amphithéâtre circulaire, qui projette sur 360° un captivant spectacle multimédia, et la salle de contrôle Apollo, fidèle reproduction des installations utilisées par la NASA dans son célèbre programme spatial.

Le Camp spatial est, quant à lui, un concept imaginé par la U.S. Space Camp Foundation. Son rôle est d'initier le public aux sciences de l'espace. Les activités sont offertes à tous, mais une attention toute particulière est donnée aux jeunes de neuf à quatorze ans. On peut s'inscrire à un camp d'une demi-journée, mais la formule a tant de succès qu'il est préférable de réserver par téléphone. Le Cosmodôme organise des programmes d'animation et des visites guidées.

Grande région de Montréal

CENTRE DE LA NATURE
901, av. du Parc
Laval (Qc) H7E 2T7

tél.: (514) 662-4942

notes _____
_____
_____
_____
_____
_____
_____
_____
_____
_____

CENTRE DE LA NATURE
La campagne en ville

Marcher, voguer, respirer le bon air, autant d'activités saines à pratiquer dans ce magnifique parc qui est devenu une oasis de paix pour les citadins de la région. À la ferme du parc, les enfants peuvent s'initier à la traite des vaches ou à la tonte des moutons. Plus loin, on peut apercevoir l'un des cinq cerfs de Virginie qui s'ébattent dans les sentiers du centre. Pour les plus hardis, des animateurs organisent des expéditions d'escalade, de canot, de kayak et de tricanot, mais on peut également pratiquer des activités plus paisibles comme le jeu de fers ou la pétanque.

OFFICE DU TOURISME DE LAVAL

TOURS AÉRIENS DELCO AVIATION
Vue d'oiseau

TOURS AÉRIENS DELCO AVIATION
335, boul. Lévesque E.
Laval (Qc) H7G 1C5

tél.: (514) 663-4311

notes _____
_____
_____
_____
_____
_____
_____
_____
_____
_____
_____

V oilà un transporteur aérien peu banal. Sa flotte est constituée d'hydravions qu'on peut louer avec leur pilote à condition de pouvoir constituer un groupe d'au moins cinq personnes. Les excursionnistes volants ont le choix entre plusieurs périples. Le plus court consiste en un survol de la région de Montréal et les plus longs vous mènent jusqu'à New York ou au barrage LG-2, avec escale. L'une des expéditions les plus intéressantes propose la visite d'une réserve amérindienne et d'une pourvoirie.

DELCO AVIATION

SITE CAVERNICOLE DE SAINT-LÉONARD
5200, boul. Lavoisier
Saint-Léonard (Qc) H1R 1J4

tél.: (514) 328-8511

notes _____

_____

_____

_____

_____

_____

_____

_____

_____

_____

_____

SITE CAVERNICOLE DE SAINT-LÉONARD
Voyage au centre de la Terre

Savez-vous ce qu'est une concrétion, un karst, de la calcite? Une visite à la grotte de Saint-Léonard vous fera connaître tous ces termes chers aux explorateurs des mondes souterrains. Cette vaste formation rocheuse vieille de 500 millions d'années a été découverte en 1811. En 1968, les autorités ont décidé d'en obstruer l'entrée pour des raisons de sécurité. Puis, en 1979, des spéléologues ont recommandé son ouverture au grand public. En 1981, les services de loisirs de la Ville de Saint-Léonard en ont fait un site touristique et éducatif. La visite comporte le visionnement d'un diaporama, l'exploration de la caverne, une présentation du matériel d'exploration (lampes au carbure, combinaisons, casques) et de l'information sur la formation des cavernes. La beauté des paysages souterrains est à couper le souffle. Des visites guidées sont offertes.

S'ÉMERVEILLER, S'AMUSER ET S'INSTRUIRE
sur le chemin des vacances

La Montérégie vous donne rendez-vous
avec l'histoire du Québec.
Votre séjour vous permettra entre autres
de découvrir et de mieux comprendre
les initiatives des colonisateurs français et anglais,
et la rébellion des Patriotes de 1837.
La Montérégie comblera aussi les
amateurs de sports nautiques.
Au-delà de ses attraits naturels,
ce qui caractérise la région de l'Estrie
est le mélange harmonieux du
«charme anglo-saxon et de la joie de vivre québécoise».
Ces deux régions bordent la magnifique
vallée du Richelieu.

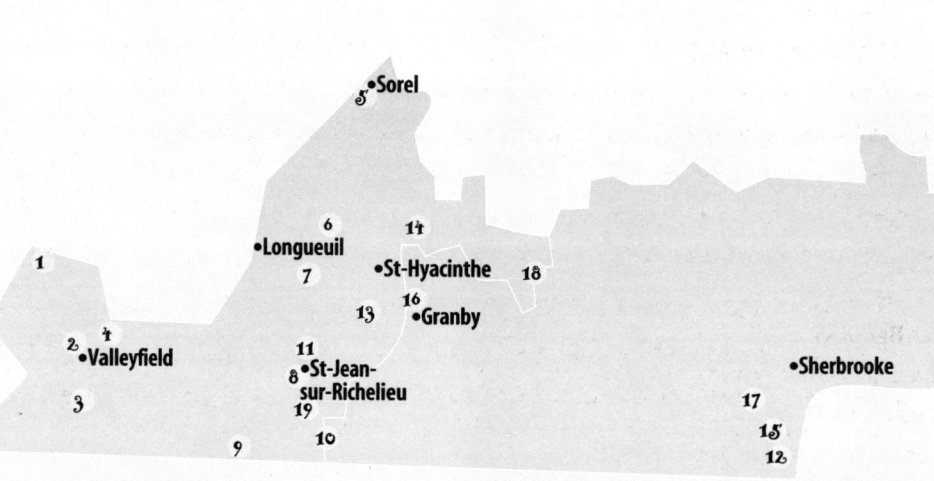

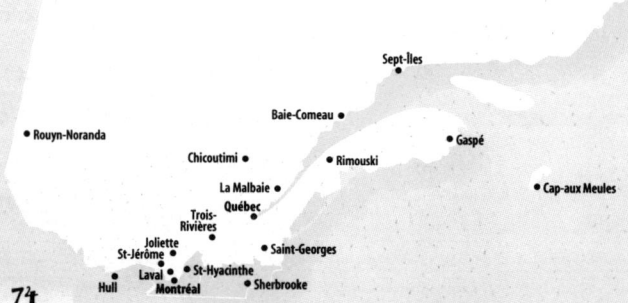

74

SUCRERIE DE LA MONTAGNE
300, rang Saint-Georges
Rigaud (Qc) J0P 1P0

tél.: (514) 451-5204

notes _____
_____
_____
_____
_____
_____
_____
_____
_____
_____

SUCRERIE DE LA MONTAGNE
Un régal pas mal sucré

SUCRERIE DE LA MONTAGNE

S ur le mont Rigaud, la Sucrerie de la montagne est exploitée tout au long de l'année selon des méthodes traditionnelles. Ici, vous aurez le plaisir de découvrir les étapes de la fabrication des produits de l'érable, et de déguster divers mets qui les mettent en valeur. L'originalité de cette visite repose également sur la participation colorée du propriétaire, Pierre Faucher, qui personnifie de façon caricaturale un Québécois typique au franc-parler.

LIEU HISTORIQUE NATIONAL DE COTEAU-DU-LAC
La naissance de la voie maritime

Le canal de Coteau-du-lac fut aménagé par les Britanniques en 1779-1780. Site du premier canal à écluses construit en Amérique du Nord, il est considéré comme l'ancêtre de la voie maritime du Saint-Laurent. Les visiteurs peuvent y observer les vestiges du canal Rigolet, construit par les Français vers 1750, et la réplique d'un blockhaus de forme octogonale. À cette époque, les cours d'eau jouaient un rôle vital dans le transport des biens et des troupes. Dans ce contexte, Coteau-du-Lac est devenu stratégique pour les Britanniques au cours des XVIIIe et XIXe siècles. Une maquette et des guides vous renseigneront sur les différentes facettes de ce site. La visite vous sensibilisera au travail de ces pionniers qui domestiquèrent le majestueux Saint-Laurent.

LIEU HISTORIQUE NATIONAL DE COTEAU-DU-LAC
308 A, chemin du Fleuve
Coteau-du-Lac (Qc) J0P 1B0

tél. : (514) 763-5631

notes _____
_____
_____
_____
_____
_____

PARCS CANADA

77

**LIEU HISTORIQUE NATIONAL
DE LA BATAILLE-DE-LA-CHÂTEAUGUAY**
R.R. no 4, Allan's Corners
Ormstown (Qc) J0S 1K0

tél.: (514) 829-2003 (en saison)
　　　(514) 763-5631 (hors saison)

notes _____

_____

_____

_____

_____

_____

LIEU HISTORIQUE NATIONAL DE LA BATAILLE-DE-LA-CHÂTEAUGUAY
Une attaque américaine

Inauguré en 1978, ce site historique commémore la victoire de l'armée canadienne, sous le commandement du lieutenant-colonel Charles-Michel de Salaberry, sur les forces de la jeune nation américaine au cours de la guerre anglo-américaine de 1812. Que désiraient les Américains ? Évacuer les Britanniques du continent nord-américain, rien de moins ! La bataille de la Châteauguay s'est déroulée le 26 octobre 1813.

Les troupes américaines voulaient alors s'emparer de Montréal et avaient choisi d'y accéder par la rivière Châteauguay.
La visite du site permet de comprendre les stratégies des forces en présence ainsi que les conditions de vie difficiles des soldats à cette époque. Vous aurez aussi accès à un fichier électronique qui vous permettra de vérifier si l'un de vos ancêtres a participé à la guerre de 1812.

ATR MONTÉRÉGIE

PARC RÉGIONAL DES ÎLES DE SAINT-TIMOTHÉE
Les îles du Sud

Aménagé dans un site enchanteur, ce parc régional met en vedette une belle plage sablonneuse aux eaux limpides. Longeant le fleuve Saint-Laurent sur plus de 15 km, Saint-Timothée est réputée pour la beauté de ses îles, que l'on surnomme «les îles du sud du Québec». Diverses activités permettront à votre famille de se détendre et de s'amuser: baignade, balade sur l'eau, exposition sur le thème du fleuve Saint-Laurent, tables champêtres...

CROISIÈRES DES ÎLES DE SOREL
Au pays du Survenant

Diverses excursions sont offertes pour vous faire admirer ces îles du fleuve Saint-Laurent situées à proximité du lac Saint-Pierre. Certaines croisières à travers les chenaux longeant les îles de Sorel vous amènent au cœur du «pays du Survenant», héros du roman et du populaire téléroman de Germaine Guèvremont dans les années 1950. Le long du chenal du Moine, vous pourrez visiter le Musée de l'écriture «Les maisons de Germaine Guèvremont», où vous aurez l'occasion d'imaginer l'atmosphère dans laquelle l'auteure se plongeait pour écrire ses romans. La croisière pourra également vous intéresser sur le plan ornithologique, car de nombreuses espèces d'oiseaux sont présentes dans la région de Sorel (leur nombre est estimé à près de 300 alors que le Québec tout entier en compte 400).

PARC RÉGIONAL DES ÎLES DE SAINT-TIMOTHÉE
240, rue Saint-Laurent
Saint-Timothée (Qc) J0S 1X0

tél.: (514) 377-1117

notes _____
_____
_____
_____
_____

CROISIÈRES DES ÎLES DE SOREL
1665, chemin Chenal-du-Moine
Sainte-Anne-de-Sorel (Qc) J3P 5N6

tél.: (514) 743-7227

notes _____
_____
_____
_____
_____

79

ÉLECTRIUM
2001, rue Michael-Faraday
Sainte-Julie (Qc)

tél.: (514) 652-8977

Adresse postale:
1008, montée Sainte-Julie
Varennes (Qc) J3X 1S1

notes _____

_____

_____

_____

_____

ÉLECTRIUM
Un choc génial

H ydro-Québec a aménagé ce centre d'interprétation pour mieux renseigner le public sur les champs électriques et magnétiques ainsi que pour susciter chez les jeunes le goût de la recherche scientifique. Des guides capteront votre attention en vous expliquant divers phénomènes physiques: la nature de l'électricité, les champs magnétiques dans le corps humain, les relations entre la vie, l'environnement et l'électricité.

Vous pourrez vous avoir un aperçu des découvertes d'inventeurs tels que Volta, Ampère, Maxwell, Ohm et Van de Graaff. Par le biais de jeux informatiques et de divers moyens pédagogiques, on vous propose une balade électrisante à travers le dédale des lois de la physique et de l'électricité.

ATR MONTÉRÉGIE

LIEU HISTORIQUE NATIONAL DU FORT-CHAMBLY
Bijou de la rivière Richelieu

LIEU HISTORIQUE NATIONAL DU FORT-CHAMBLY
2, rue Richelieu
Chambly (Qc) J3L 2B9

tél.: (514) 658-1585

notes _____

_____

_____

_____

_____

_____

U nique en Amérique du Nord, le fort Chambly témoigne de la présence française dans la vallée du Richelieu depuis 1665. Cette année-là, Jacques de Chambly, capitaine du régiment de Carignan-Salières, décida de faire ériger un fort en bois à proximité des rapides de la rivière Richelieu. Il désirait ainsi mieux protéger Montréal contre les imprévisibles attaques iroquoises. Pour cette initiative, une seigneurie lui fut accordée. Sur ce très beau site, le visiteur pourra se renseigner sur le rôle du fort dans différents conflits militaires de même que sur les activités de la garnison française jusqu'en 1760. En raison des luttes incessantes entre Français et Anglais en vue de prendre le contrôle du Nouveau Monde, les Compagnies Franches remplacèrent en 1709 le fort de bois par un fort mieux adapté, en pierre. Malgré cette amélioration, le fort tomba aux mains des Britanniques en 1760. En 1775, dans leur tentative d'invasion du Canada, les Américains s'emparèrent du fort mais, dès 1776, les Britanniques forcèrent l'armée américaine à battre en retraite. Restauré en 1983 par Parcs Canada, le fort souligne le rôle stratégique de la rivière Richelieu pendant près de trois siècles et interprète la période de l'occupation britannique de 1775 à 1871. À proximité du fort, vous pouvez visiter le corps de garde, aménagé en 1814 pour contrôler l'accès à la fortification militaire construite entre 1814 et 1849. Cette base comprenait des casernes d'infanterie, d'artillerie, de cavalerie et de génie.

ATR MONTÉRÉGIE

FESTIVAL DE MONTGOLFIÈRES
31, rue Frontenac
Saint-Jean-sur-Richelieu (Qc) J3B 7X2

tél.: (514) 346-4945

notes _____

_____

_____

_____

_____

_____

_____

_____

_____

_____

_____

FESTIVAL DE MONTGOLFIÈRES
Des ballons qui ont fière allure

ATR MONTÉRÉGIE

L e Festival annuel de montgolfières constitue une spectaculaire attraction estivale. Tôt en matinée ou en fin d'après-midi, vous aurez l'occasion d'observer l'envol et la balade d'une centaine de montgolfières, toutes plus colorées les unes que les autres. De nombreux spectacles et de l'animation viennent ajouter au climat de fête qui règne alors dans la région de Saint-Jean-sur-Richelieu. Si le cœur vous en dit et si votre budget le permet, vous aurez la possibilité de tenter l'expérience d'un vol qui vous permettra d'admirer les magnifiques paysages de la Montérégie. Ce festival se déroule au cours du mois d'août.

PARC SAFARI
Des singes et leurs singeries

PARC SAFARI
850, route 202
Hemmingford (Qc) J0L 1H0

tél. : (514) 247-2727

notes _____
_____
_____
_____
_____
_____
_____
_____
_____
_____

Venez passer avec votre famille une merveilleuse journée en plein air ! Les enfants s'exclameront en découvrant près de 1 000 animaux exotiques venus du monde entier et évoluant dans ce parc en toute liberté. Bien assis dans votre auto, vous pourrez observer ces animaux de près et même les nourrir. Vos jeunes pourront également s'amuser à l'un des quatre théâtres aménagés sur le site. Profitez de cette journée pour vous balader dans la forêt enchantée, ou pour vous divertir dans les manèges et aux divers jeux d'adresse.

LIEU HISTORIQUE NATIONAL DU FORT-LENNOX
1, 61e Avenue
C.P. 90
Saint-Paul-de-l'Île-aux-Noix (Qc) J0J 1G0

tél.: (514) 291-5700

notes _____

_____

_____

_____

_____

LIEU HISTORIQUE NATIONAL DU FORT-LENNOX
Un site de choix

Le fort Lennox est une impressionnante fortification britannique dont l'authenticité est remarquable. Dès votre embarquement sur le petit bateau qui vous conduira à l'île aux Noix, vous succomberez au charme de ce site magique. Baignant dans la magnifique rivière Richelieu, à proximité de la frontière américaine, l'île aux Noix a joué un rôle non négligeable dans l'histoire militaire du Canada. Notez que le nom de l'île rappelle le fait que son premier locataire, Pierre Jourdanet, devait remettre au seigneur de l'île une pochetée de noix en guise de rente annuelle. L'île faisait alors partie de la seigneurie de Noyan, concédée au sieur de Noyan en 1733.

En 1759, les Français y ont érigé des fortifications pour se protéger contre les attaques britanniques. Dès 1760, les Britanniques ont réussi à déloger leurs adversaires et ont procédé aussitôt à la démolition des installations. Par la suite, les Américains ont occupé l'île au cours de leur lutte pour l'indépendance. Après le retrait des Américains, les Britanniques ont jugé opportun d'amorcer en 1779 la construction d'installations qui n'ont été terminées qu'en 1829. Le fort a été baptisé en hommage à Charles Lennox, décédé en 1819 alors qu'il était gouverneur général. Autre intérêt non négligeable: l'île accueille de multiples espèces d'oiseaux et d'animaux.

ATR MONTÉRÉGIE

CROISIÈRES RICHELIEU
En montant la rivière

La croisière à bord du **Fort Saint-Jean 11** vous fera remonter le Richelieu sur 25 km jusqu'au fort Lennox, à Saint-Paul-de-l'Île-aux-Noix. D'une grande beauté, la rivière Richelieu a été et demeure un cours d'eau important dans l'histoire du Québec. Elle évoque notamment la rébellion des Patriotes de 1837. Cette ancienne voie de transport a joué un rôle vital en reliant Montréal et New York via le lac Champlain. Au fil des ans, la rivière est devenue une source d'agrément pour les amateurs d'activités nautiques.

CROISIÈRES RICHELIEU
Rue du Quai
Saint-Jean-sur-Richelieu (Qc) J3B 3Y5

tél.: (514) 346-2446

notes _____

_____

_____

_____

_____

ATR MONTÉRÉGIE

85

MUSÉE BEAULNE
96, rue Union
Coaticook (Qc) J1A 1Y9

tél.: (819) 849-6560

notes _____

_____

_____

_____

_____

_____

_____

_____

_____

_____

MUSÉE BEAULNE
Des costumes de l'ère victorienne

A ménagé dans un château ayant appartenu jadis à A.O. Norton, un industriel prospère, le musée Beaulne illustre de façon raffinée la dernière partie de la période victorienne, plus particulièrement de 1885 à 1915 environ. Le musée se spécialise dans la recherche, la collecte et l'exposition de costumes et de textiles de cette époque. Outre cette exposition spécialisée, le musée fait apprécier le style victorien par la décoration et l'ameublement du salon, de la salle à manger et des autres pièces. Occasionnellement, le musée est l'hôte d'expositions itinérantes.

ATR ESTRIE

CENTRE D'INTERPRÉTATION DE LA POMME
Une histoire juteuse

*L*e Centre d'interprétation de la pomme vous invite à croquer à belles dents dans la petite histoire de la pomme au Québec. Vos jeunes auront l'occasion d'y découvrir les diverses facettes de la culture, de la transformation et de la consommation de ce fruit. La pomiculture est une activité non négligeable pour l'économie de la Montérégie. Divers jeux agrémenteront votre visite.

CENTRE D'INTERPRÉTATION DE LA POMME
11, chemin Marieville
Rougemont (Qc) J0L 1M0

tél.: (514) 469-3600

notes _____

_____

_____

_____

_____

_____

_____

_____

_____

_____

_____

_____

THÉÂTRE DE LA DAME DE CŒUR
611, rang de la Carrière
Upton (Qc) J0H 2E0

tél.: (514) 549-5828

notes _____

_____

_____

_____

_____

_____

_____

_____

_____

_____

THÉÂTRE DE LA DAME DE CŒUR
Des marionnettes au grand corps

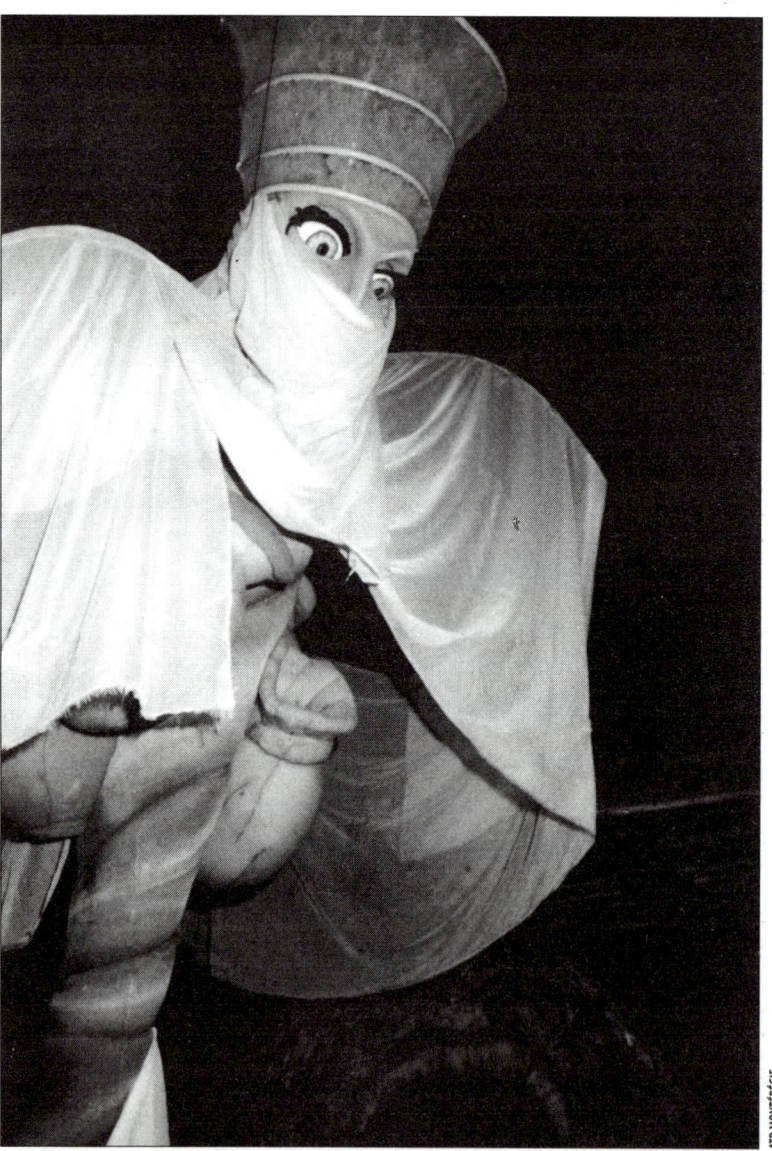

ATR MONTÉRÉGIE

En compagnie de vos enfants, venez assister à un spectacle unique en Amérique du Nord. Bien installé dans un fauteuil pivotant sur 360°, vous verrez évoluer au-dessus de vous de nombreuses marionnettes atteignant jusqu'à 10 m de hauteur. Un spectacle magique! Le toit nouvellement construit permet aux artistes d'utiliser des techniques de cirque de haute voltige; ils vous émerveilleront par leur ingéniosité.

LE PLUS LONG PONT SUSPENDU DU MONDE
Pour les amateurs de vertige

orsque vous aurez traversé ce pont suspendu d'une longueur de 169 m, le plus long du monde selon le *Guinness des Records*, vous recevrez un certificat attestant votre exploit! Aménagée au-dessus de la rivière Coaticook, la passerelle vous donne accès au parc de la *Gorge-de-Coaticook*, dont les sentiers d'environ 3 km vous feront découvrir de spectaculaires attraits géologiques. Sur le site, la tour Couillard offre une superbe vue panoramique.

ZOO DE GRANBY
Des animaux du monde entier

e zoo de *Granby* est le plus important au Québec en raison du nombre de ses animaux provenant de tous les continents. On en trouve plus de 1 000 appartenant à 225 espèces, dont certaines sont en voie de disparition. Des expositions et de nombreux attraits sont présentés sur le site pour bien renseigner et divertir les visiteurs.

PARC DE LA GORGE-DE-COATICOOK
135, rue Michaud
Coaticook (Qc) J1A 1A9

tél.: (819) 849-2331

notes _____
_____
_____
_____
_____
_____
_____

ZOO DE GRANBY
Granby (Qc)

tél.: (514) 372-9113

notes _____
_____
_____
_____
_____
_____
_____
_____

LIEU HISTORIQUE NATIONAL DE LOUIS-S.-SAINT-LAURENT
6, rue Principale Sud
Compton (Qc) J0B 1L0

tél.: (819) 835-5448

notes _____

_____

_____

_____

_____

LIEU HISTORIQUE NATIONAL DE LOUIS-S.-SAINT-LAURENT
Les origines d'un premier ministre

uccédant à Mackenzie King, le chef du Parti libéral Louis-S. Saint-Laurent a été premier ministre du Canada de 1948 à 1957. Au cœur du petit village champêtre de Compton, venez découvrir la maison natale de ce personnage politique canadien. Parcs Canada a aussi reconstruit le magasin général que possédaient les parents de Louis Saint-Laurent. Un spectacle son et lumière résume sa carrière juridique et politique et rappelle les événements significatifs de cette époque. Louis Saint-Laurent est né en 1882 et est mort à Québec en 1973.

MUSÉE J.-ARMAND-BOMBARDIER
Un entrepreneur inventif

P our apprivoiser l'hiver, les Canadiens ont imaginé certains sports et divertissements; la motoneige fait partie de ces heureuses inventions. Typiquement canadienne, la motoneige est maintenant utilisée dans le monde tant pour le divertissement et le transport que pour le travail. Le musée présente au visiteur la vie et l'œuvre de J.-Armand Bombardier, créateur de la motoneige. Venez découvrir l'histoire de ce véhicule et connaître les autres inventions de cet entrepreneur imaginatif et tenace. Le garage Bombardier recrée le milieu de travail qui a vu naître la modeste compagnie Bombardier, une entreprise maintenant réputée dans le monde entier.

LE CHEMIN DES VIGNOBLES
Des raisins et du vin

ATR ESTRIE

L a production du vin au Québec aurait, semble-t-il, débuté en 1979 dans le secteur du Haut-Richelieu. Ce territoire situé à la limite de la Montérégie et de l'Estrie possède un microclimat bien approprié à la culture du raisin. En vous rendant aux vignobles, vous ferez connaissance avec des vignerons, ces gens qui cultivent la vigne et offrent en exclusivité les fruits du terroir et de leur labeur : les vins du Québec. Lors de votre balade, vous ferez la découverte de goûts et de couleurs qui ensoleilleront votre journée.

MUSÉE J.-ARMAND-BOMBARDIER
1001, avenue J.-Armand-Bombardier
Valcourt (Qc) J0E 2L0

tél. : (514) 532-5300

notes _____
_____
_____
_____
_____
_____
_____

LE CHEMIN DES VIGNOBLES
Haut-Richelieu (Qc)

tél. : (514) 245-0208

ATR de la Montérégie (514) 463-2876
ATR de l'Estrie   (819) 820-2020

notes _____
_____
_____
_____
_____
_____
_____
_____

À mi-chemin entre Montréal et Québec,
cette région est traversée par
le fleuve Saint-Laurent.
Que ce soit en Mauricie ou
dans les Bois-Francs,
ses attraits sauront vous charmer et
vous divertir.

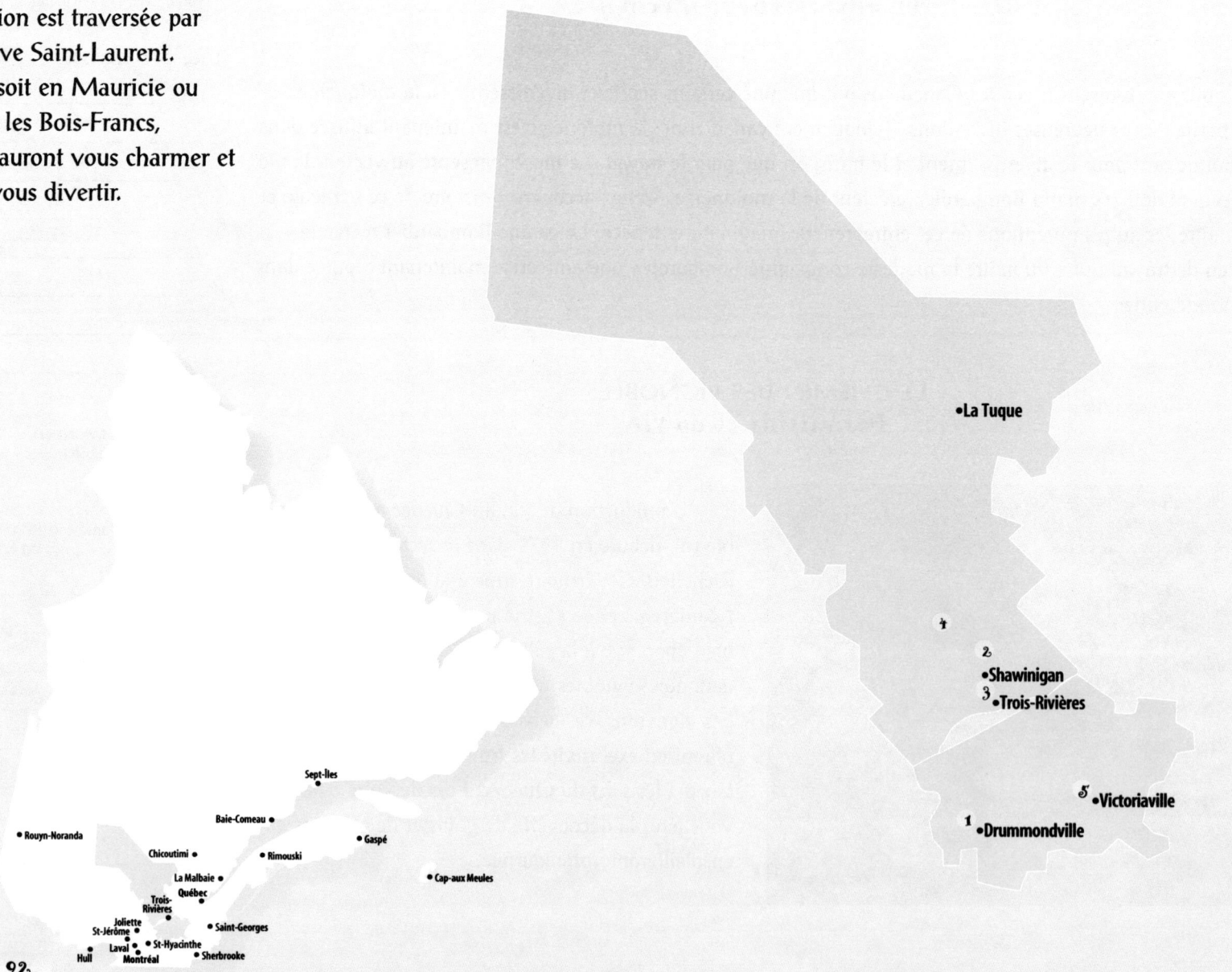

•La Tuque

4

2
•Shawinigan
3 •Trois-Rivières

5 •Victoriaville

1 •Drummondville

Sept-Îles

Baie-Comeau •

• Rouyn-Noranda

Chicoutimi •   • Rimouski   • Gaspé

La Malbaie •

Trois-
Rivières   Québec   • Cap-aux-Meules

Joliette
St-Jérôme •   • Saint-Georges

Laval   • St-Hyacinthe
Hull   Montréal   • Sherbrooke

VILLAGE QUÉBÉCOIS D'ANTAN
1425, rue Montplaisir
Drummondville (Qc) J2B 7T5

tél.: (819) 478-1441

notes _____

_____

_____

_____

_____

_____

_____

_____

_____

VILLAGE QUÉBÉCOIS D'ANTAN
Une petite balade dans le temps

C e petit village reconstruit fait revivre l'époque et le mode de vie des années 1810-1910 au Québec. Longeant la rivière Saint-François sur une distance de 2 km, le village est un attrait à la fois historique, éducatif et culturel et s'avère le site idéal pour faire connaître aux jeunes d'âge et de cœur les coutumes d'autrefois. Une vingtaine de représentations historiques construites par des artisans et une quarantaine de bâtiments sont regroupés sur l'un des premiers lots ouverts à la colonisation en Nouvelle-France. Visitez l'église et des maisons typiques installées en bordure de rues en terre battue, longées de trottoirs de bois. Vous y trouverez un magasin général, une boulangerie, une forge et plusieurs maisons illustrant des métiers disparus. Des guides-interprètes et de nombreux artisans animent ce site enchanteur et vous feront découvrir et apprécier les traditions ancestrales.

VILLAGE QUÉBÉCOIS D'ANTAN

Cœur-du-Québec

VILLAGE D'ÉMILIE DES FILLES DE CALEB
Le village de la belle brume

VILLAGE D'ÉMILIE DES FILLES DE CALEB
Grand-Mère (Qc)

tél.: (819) 538-1716

notes _____

_____

_____

_____

_____

_____

La municipalité de Grand-Mère devrait son nom à un rocher de pierre présentant le profil d'une vieille dame. Mais sur le plan touristique, une autre dame de la région est devenue un attrait majeur. En effet, à la suite du succès du roman et de la minisérie *Les Filles de Caleb*, Émilie Bordeleau est devenue un personnage aimé de tous les Québécois. Le Village d'Émilie recrée l'univers du personnage et illustre de quelle façon les Québécois vivaient à la campagne au début du siècle. Le site comprend une quinzaine de bâtiments ayant servi au tournage de la minisérie, dont une bonne partie des scènes extérieures ont été filmées à Saint-Jean-des-Piles, près de Grand-Mère. Des interprètes en costume d'antan animent le site et recréent l'ambiance et le charme de cette époque. Le site évoque également les miniséries *Shehaweh* et *Blanche*.

VILLAGE D'ÉMILIE

95

LIEU HISTORIQUE NATIONAL
DES FORGES-DU-SAINT-MAURICE
10000, boul. des Forges
Trois-Rivières (Qc) G9C 1B1

tél.: (819) 378-5116

notes _____
_____
_____
_____
_____
_____

LIEU HISTORIQUE NATIONAL DES FORGES-DU-SAINT-MAURICE
Première grande entreprise québécoise

Fondées en 1730, les Forges du Saint-Maurice constituent une première pour l'industrie lourde en sol canadien. Considérées durant près de 100 ans comme l'entreprise sidérurgique la plus avancée sur le plan technique en Amérique, les forges ont produit notamment divers équipements agricoles et domestiques, ainsi que des roues pour les wagons de train. Elles ont cessé leurs activités en 1883, mais le centre d'interprétation vous fera mieux connaître ce fleuron de l'industrie canadienne. Diverses attractions agrémentent la visite, dont un spectacle son et lumière et une maquette qui offrent aux visiteurs de vivre une journée de 1845. Des sentiers pédestres qui mènent jusqu'à la rivière Saint-Maurice permettent d'ajouter au plaisir de la visite.

PARCS CANADA

96

PARC NATIONAL DE LA MAURICIE
La vie au naturel

PARCS CANADA

Longeant la rivière Saint-Maurice, le parc de la Mauricie vous fait découvrir des paysages de rêve ! En vous y baladant, vous ressentirez le calme de la vie sauvage qui imprègne ce site naturel. C'est l'occasion de canoter sur les lacs et d'effectuer des portages comme le faisaient les Amérindiens et nos ancêtres coureurs des bois au cours des siècles derniers. Ce parc est un paradis pour les amateurs de plein air.

MUSÉE LAURIER
Un politicien qui avait du panache

Ouvert en 1929, le musée Laurier se trouve dans une résidence victorienne de style italien, construite en 1876 pour Wilfrid Laurier, qui y habita jusqu'en 1896. Devenu premier ministre du Canada cette année-là, Wilfrid Laurier dut quitter Arthabaska pour aller vivre à Ottawa avec sa femme. Mais jusqu'en 1919, ils reviendront régulièrement séjourner dans leur résidence d'Arthabaska. Il convient de rappeler que Wilfrid Laurier fut le premier Québécois à occuper la fonction de premier ministre du Canada. Complètement restauré en 1974, le musée reproduit l'environnement de la famille Laurier et présente des œuvres artistiques de grande renommée, dont des toiles des peintres Suzor-Côté et Alfred Laliberté. Ces œuvres témoignent de l'intérêt que sir Laurier et sa femme manifestaient envers les artistes et la culture. Soulignons qu'un autre site historique, à Ville-des-Laurentides (Saint-Lin), est dédié à la mémoire de Laurier. L'homme politique est en effet né à Saint-Lin en 1841 et y a vécu toute sa jeunesse.

PARC NATIONAL DE LA MAURICIE
794, 5e Rue
C.P. 758
Shawinigan (Qc) G9N 6V9

tél.: (819) 536-2638

notes _____

_____

_____

_____

_____

_____

MUSÉE LAURIER
16, rue Laurier O.
Victoriaville-Arthabaska (Qc) G6P 6P3

tél.: (819) 357-8655

notes _____

_____

_____

_____

_____

_____

Plus vieille ville du Canada et
berceau historique du continent,
Québec est la seule cité d'Amérique à faire partie
des Villes du patrimoine mondial
de l'UNESCO.
Son caractère européen et son charme vieillot
attirent de nombreux visiteurs étrangers et canadiens.
Mais Québec est également bien pourvue en
activités éducatives, sportives et de plein air.
La proximité des Laurentides et
du fleuve Saint-Laurent ainsi que
la riche nature de la campagne environnante
font de cette ville et de sa région
des endroits agréables à visiter et où
il fait bon vivre.

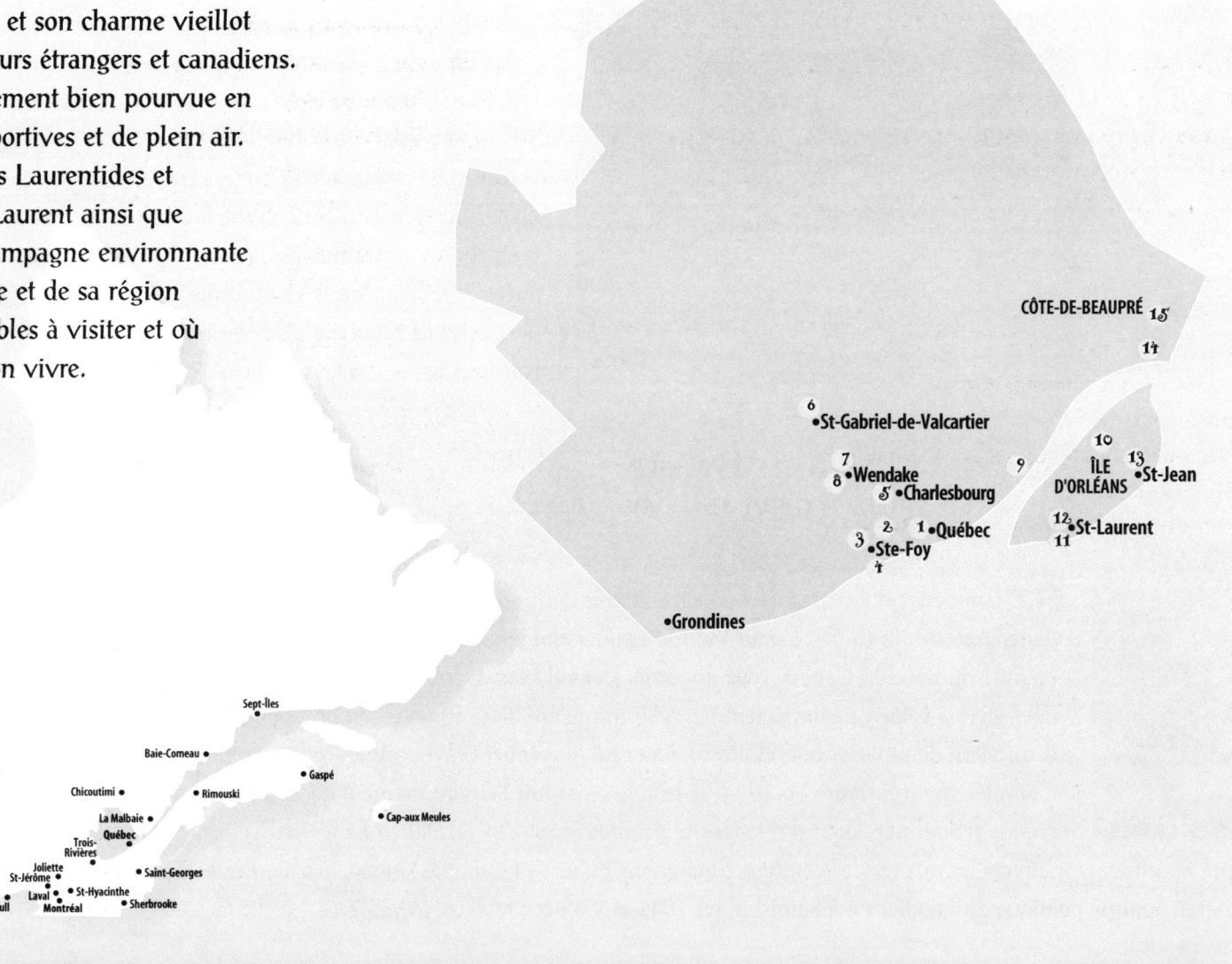

CÔTE-DE-BEAUPRÉ 15
14

6
•St-Gabriel-de-Valcartier

10
7   9   13
8 •Wendake   ÎLE •St-Jean
5 •Charlesbourg D'ORLÉANS

2   1 •Québec   12 •St-Laurent
3   11
•Ste-Foy
4

•Grondines

Sept-Îles

Baie-Comeau •

• Rouyn-Noranda   • Gaspé
Chicoutimi •   • Rimouski

La Malbaie •
• Cap-aux-Meules
Québec •
Trois-
Rivières •
Joliette •
St-Jérôme •   • Saint-Georges
Laval • • St-Hyacinthe
98 Hull • Montréal • • Sherbrooke

Grande région de Québec

CHÂTEAU FRONTENAC
1, rue des Carrières
Québec (Qc) G1R 4P5

tél.: (418) 691-2166

notes _____
_____
_____
_____
_____
_____

CHÂTEAU FRONTENAC
Le prince des hôtels

C e grand hôtel est devenu au fil des ans le symbole de Québec et même, pourrait-on dire, du Québec entier. Il compte parmi les sites touristiques les plus photographiés en Amérique. Il arrive que les touristes de pays lointains le prennent pour la fastueuse résidence d'un roi qui aurait régné dans nos contrées il y a plusieurs siècles. Or, ce grand bâtiment a toujours été un hôtel, bien que son nom de «château» soit trompeur et que son allure soit tout à fait royale.

La construction du château s'est déroulée en plusieurs étapes: commencée en 1890, elle n'a été entièrement terminée qu'en 1925. Son propriétaire, la compagnie de chemin de fer Canadien Pacifique, cherchait à profiter de l'affluence de touristes américains entichés du cachet «vieille France» de la capitale. Le château a été dessiné par l'architecte américain Bruce Price. Deux conférences historiques s'y sont déroulées en 1943 et en 1945. Elles réunissaient Churchill, Roosevelt et le premier ministre du Canada de l'époque, Mackenzie King. Des visites sont animées par de jeunes comédiens jouant divers personnages du XIXᵉ siècle. Des visites guidées sont organisées à l'intention des groupes.

OTCCUQ, MICHEL GAGNON

LIEU HISTORIQUE DES FORTIFICATIONS DE QUÉBEC ET CENTRE D'INITIATION DES FORTIFICATIONS DE QUÉBEC
Québec s'en va-t-en guerre

LIEU HISTORIQUE DES FORTIFICATIONS DE QUÉBEC
ET CENTRE D'INITIATION DES FORTIFICATIONS DE QUÉBEC
100, rue Saint-Louis
Québec (Qc) G1K 7R3

tél.: (418) 648-7016

notes _____
_____
_____
_____
_____
_____
_____

A ménagé tout à côté de la porte Saint-Louis, dans l'ancienne poudrière de l'Esplanade, le centre d'interprétation renferme des maquettes et des cartes qui racontent comment s'est développé le système de défense de Québec au cours des siècles. La ville a longtemps été la porte d'entrée du continent pour les militaires et les marchands. À une certaine époque, le contrôle de Québec donnait automatiquement la suprématie sur le nord du continent. Cette importance stratégique est rappelée de nos jours par les épaisses fortifications qui entourent la ville. Celles-ci ont, à la fin du XVIIIe siècle, remplacé la première enceinte de longs piquets qui servait à freiner les attaques des Iroquois. Les portes Saint-Louis, Kent et Saint-Jean sont installées dans la partie ouest des murs. Chacune possède un escalier menant au sentier de 4,6 km aménagé le long des remparts. Des visites guidées sont offertes.

OTCCUQ

LIEU HISTORIQUE DE LA CITADELLE DE QUÉBEC ET MUSÉE DU ROYAL 22e RÉGIMENT
1, côte de la Citadelle
C.P. 6020
Québec (Qc) G1R 4V7

tél.: (418) 648-3563

notes _____
_____
_____
_____
_____
_____

LIEU HISTORIQUE DE LA CITADELLE DE QUÉBEC ET MUSÉE DU ROYAL 22e RÉGIMENT
Une forteresse imprenable

On ne saurait imaginer une tournée complète des fortifications de Québec sans la visite de la Citadelle. La disposition en étoile des murs de cette place fortifiée la rendait à toutes fins utiles imprenable. Bien que le bastion militaire ait été conçu par le marquis de Vauban, ingénieur français au service de Louis XIV, sa construction a été achevée par les conquérants anglais en 1832. En effet, les enceintes étoilées du marquis étaient à ce point efficaces que les Anglais ont copié ses dessins. À la guerre comme à la guerre...

Construite en prévision de guerres qui n'ont jamais eu lieu, la Citadelle n'a donc pas servi à défendre la ville. Aujourd'hui, elle est le lieu de résidence du gouverneur général du Canada et tient toujours le rôle de base militaire. Ses troupes appartiennent au Royal 22e Régiment de l'armée canadienne. Les locaux qui abritaient autrefois la poudrière et la prison militaire ont été aménagés pour accueillir le musée du Royal 22e. On y trouve des armes et des uniformes de toutes les armées qui ont foulé notre sol depuis la fondation de la Nouvelle-France jusqu'à nos jours. Tous les jours d'été, les visiteurs peuvent assister à la retraite et à la relève de la garde, deux manœuvres militaires traditionnelles, et participer à des visites guidées.

OTCCUQ

RUE DU TRÉSOR
Des trésors de talent

L a rue du Trésor est la plus importante galerie d'art à ciel ouvert du pays. Reliant la rue Sainte-Anne à la rue Buade, elle offre aux artistes les dimensions idéales pour l'accrochage de leurs œuvres. Aquarelles, peintures acryliques, gravures sur cuivre, toutes les techniques picturales sont représentées. Un peu plus haut, dans la rue Sainte-Anne, des portraitistes offrent aux passants de peindre leur visage de façon réaliste ou fantaisiste.

OTCCUQ

RUE DU TRÉSOR
Entre la rue Sainte-Anne et la rue Buade

notes _____

_____

_____

_____

_____

_____

_____

_____

_____

_____

Musée de cire Grévin
22, rue Sainte-Anne
Québec (Qc) G1R 3X3

tél.: (418) 692-2289

notes _____

_____

_____

_____

_____

Musée de cire Grévin
Plus vrais que nature

S itué tout juste au coin des rues Sainte-Anne et du Trésor, le Musée de cire compte plus de 80 reproductions de personnages qui ont marqué notre histoire ancienne et plus récente. Christophe Colomb, Jacques Cartier et René Lévesque y côtoient Myriam Bédard et Roch Voisine.

OTCCUQ, MICHEL GAGNON

QUÉBEC EXPÉRIENCE
Les mystères de la ville

QUÉBEC EXPÉRIENCE
8, rue du Trésor
Québec (Qc) G1R 4L9

tél.: (418) 694-4000

notes _____
_____
_____
_____
_____
_____
_____
_____

QUÉBEC EXPÉRIENCE

Quand la technologie s'associe à l'histoire, cela donne un spectacle multimédia exceptionnel, qui captivera toute la famille. Projecteurs vidéo, jeux d'eau, effets sonores et diapositives en trois dimensions sont mis à contribution. Des personnages historiques racontent les voyages des premiers explorateurs, expliquent les coutumes amérindiennes et nous font faire le tour de la petite et de la grande histoire de Québec. Il est question de guerres, de religion, de culture, de grands chantiers et des effondrements successifs du pont de Québec autant que des réalités du Québec moderne.

Grande région de Québec

BASILIQUE NOTRE-DAME-DE-QUÉBEC
16, rue Buade
Québec (Qc) G1R 4A1

tél. : (418) 692-2533

notes _____
_____
_____
_____
_____

BASILIQUE NOTRE-DAME-DE-QUÉBEC
Splendeurs oubliées

À voir absolument : le spectacle Son et Lumière de la basilique Notre-Dame. Que l'on s'intéresse ou non à la religion, on ne peut manquer d'être fasciné par cette grande fresque historique présentée en multimédia. Les effets visuels et sonores relèvent admirablement un propos préparé avec soin. Toute la famille y trouve son compte. En dehors de ces représentations, la basilique reste ouverte aux visiteurs. On peut participer à une visite guidée ou découvrir par soi-même cette église qui symbolise bien l'acharnement du peuple québécois à survivre en terre d'Amérique. Ce grand lieu de culte fut en effet détruit et reconstruit deux fois. Dans la crypte reposent tous les gouverneurs de la Nouvelle-France et un grand nombre d'évêques de Québec.

La basilique, c'est aussi l'histoire d'une famille, les Baillargé, qui firent leur marque comme artistes religieux de grande classe. À l'intérieur, le nouveau Centre d'animation François-de-Laval retrace les grands moments de la vie du premier évêque de Québec, monseigneur de Laval.

Musée de l'Amérique française
300 ans de recherche de la connaissance

Musée de l'Amérique française
2, côte de la Fabrique
Québec (Qc) G1R 4R7

tél.: (418) 692-2843

notes _____

_____

_____

_____

_____

Une fascinante collection, qui a longtemps appartenu au musée du Séminaire de Québec, fait du musée de l'Amérique française un lieu d'exposition de grande envergure. Plus de 450 000 objets qu'ont patiemment recueillis les prêtres du séminaire durant plus de trois siècles y sont regroupés.

Considéré comme le plus ancien musée du continent, le musée de l'Amérique française expose de magnifiques pièces d'orfèvrerie, des peintures de maîtres canadiens et une foule d'instruments scientifiques anciens. On peut aussi y voir quantité d'objets qui témoignent de l'environnement, des coutumes et de la vie quotidienne des Français d'Amérique: gravures et parchemins datant du Régime français, animaux empaillés, pièces de monnaie rares et livres anciens.

OTCCUQ

107

Musée des Ursulines
12, rue Donnacona
Québec (Qc) G1R 4T1

tél.: (418) 694-0694

notes _____

_____

_____

_____

_____

_____

_____

_____

_____

MUSÉE DES URSULINES
Dévouement, éducation, courage

E n visitant les trois étages de ce musée fort instructif, on apprend tout ce qu'on a toujours voulu savoir sur la vie des religieuses et des citoyens au cours des trois siècles et demi d'histoire de la ville de Québec. Cinq thèmes sont exploités: la fondation du couvent des Ursulines, la vie quotidienne des membres de la congrégation fondée par sainte Angèle de Mérici sous le Régime français, l'éducation des jeunes filles par les religieuses, les objets amérindiens et les broderies précieuses exécutées au fil d'or et au fil d'argent. Jusqu'à tout récemment, on pouvait y voir le crâne du marquis de Montcalm, mais les autorités ont décidé de mettre fin à cette pratique et de remettre en terre la tête du général français. Des visites guidées sont offertes sur demande.

OTCCUQ

MUSÉE DU QUÉBEC
Un musée nommé fierté

MUSÉE DU QUÉBEC
1, av. Wolfe-Montcalm, Parc des Champs-de-Bataille
Québec (Qc) G1R 5H3

tél.: (418) 643-2150

notes _____

_____

_____

_____

_____

_____

_____

OTCCUQ, MICHEL GAGNON

C e vénérable musée, très apprécié des Québécois depuis sa réouverture en 1933, a subi de 1988 à 1992 une profonde transformation : une partie du vieux bâtiment a été rénovée et l'ancienne prison des plaines d'Abraham a été annexée au musée. Depuis la construction du Musée de la civilisation, axé sur l'histoire et la société, le Musée du Québec se voue à la promotion des arts. La réussite est totale. Le nouveau visage du Musée du Québec est superbe et les expositions internationales rivalisent de prestige et d'intérêt. De plus, les artistes et les expositions sont de toute évidence choisis pour plaire à toute la famille.

Le Musée du Québec est l'institution publique qui possède la plus riche collection d'œuvres d'art du Canada. Ses 12 000 œuvres témoignent de plus de quatre siècles d'histoire et reflètent la vitalité artistique des Français d'Amérique. Les peintures, sculptures et autres objets recèlent un intérêt historique inestimable ou une grande valeur artistique. Au rez-de-chaussée de l'ancienne prison, qui porte maintenant le nom d'édifice Baillargé, se trouve le Centre d'interprétation du parc des Champs-de-Bataille; on peut y assister à une reconstitution de la bataille des plaines d'Abraham.

HÔTEL DU PARLEMENT
Angle rue Dufferin et Grande Allée
Québec

tél.: (418) 643-7239

notes _____

_____

_____

_____

_____

Juste à l'entrée principale, une sculpture intitulée *La Halte en forêt* représente une famille amérindienne. Cette œuvre a été présentée pour la première fois à l'Exposition universelle de Paris, en 1889. À l'intérieur de l'édifice, des tableaux et des inscriptions rappellent tous les événements politiques qui ont marqué la vie des Québécois depuis la première Assemblée législative du Bas-Canada en 1792. On peut, en se procurant un laissez-passer, assister aux sessions parlementaires pour entendre les joutes verbales entre l'opposition et le gouvernement.

HÔTEL DU PARLEMENT
Là où s'écrit l'histoire

Le grand édifice où siège le gouvernement du Québec a été construit entre 1877 et 1886. Son architecte, Eugène-Étienne Taché, a cherché à lui donner un visage français en s'inspirant du type d'immeubles qu'on trouvait en France au XVIe siècle. Sa large façade est ornée de statues de bronze personnifiant 22 grands hommes qui ont façonné l'histoire du Québec. Y trônent côte à côte Frontenac, Champlain, d'Iberville et, bien sûr, les deux combattants des plaines d'Abraham, Wolfe et Montcalm.

MUSÉE DE LA CIVILISATION
Le musée qui s'amuse à réfléchir

MUSÉE DE LA CIVILISATION
85, rue Dalhousie
Québec (Qc) G1K 7A6

tél.: (418) 643-2158

notes _____
_____
_____
_____
_____
_____

Une véritable histoire d'amour lie les Québécois et le Musée de la civilisation, qui ouvrait ses portes à l'automne 1988. Ce vaste bâtiment est un lieu fascinant qui maintient le lien entre le passé et l'avenir. Le musée compte en tout dix salles et organise chaque année de huit à dix expositions temporaires. Certaines sont montées par les concepteurs et conservateurs du musée et d'autres proviennent de diverses parties du monde.

On compte aussi quelques expositions permanentes. «Mémoires», par ses nombreux objets et documents audiovisuels, convie le visiteur à un tour d'horizon des plus complets de l'histoire du Québec. «Objets de civilisation» est un inventaire des plus belles pièces de la riche collection du musée. Vous y verrez, entre autres, une magnifique collection de meubles et d'objets de la Chine ancienne. «La Barque» est une exposition qui tourne autour d'un seul objet, un bateau français datant des années 1700 et qui fut mis au jour lors des excavations effectuées pour couler les fondations du musée. Il s'agit de la plus vieille embarcation découverte dans le sol de l'Amérique du Nord.

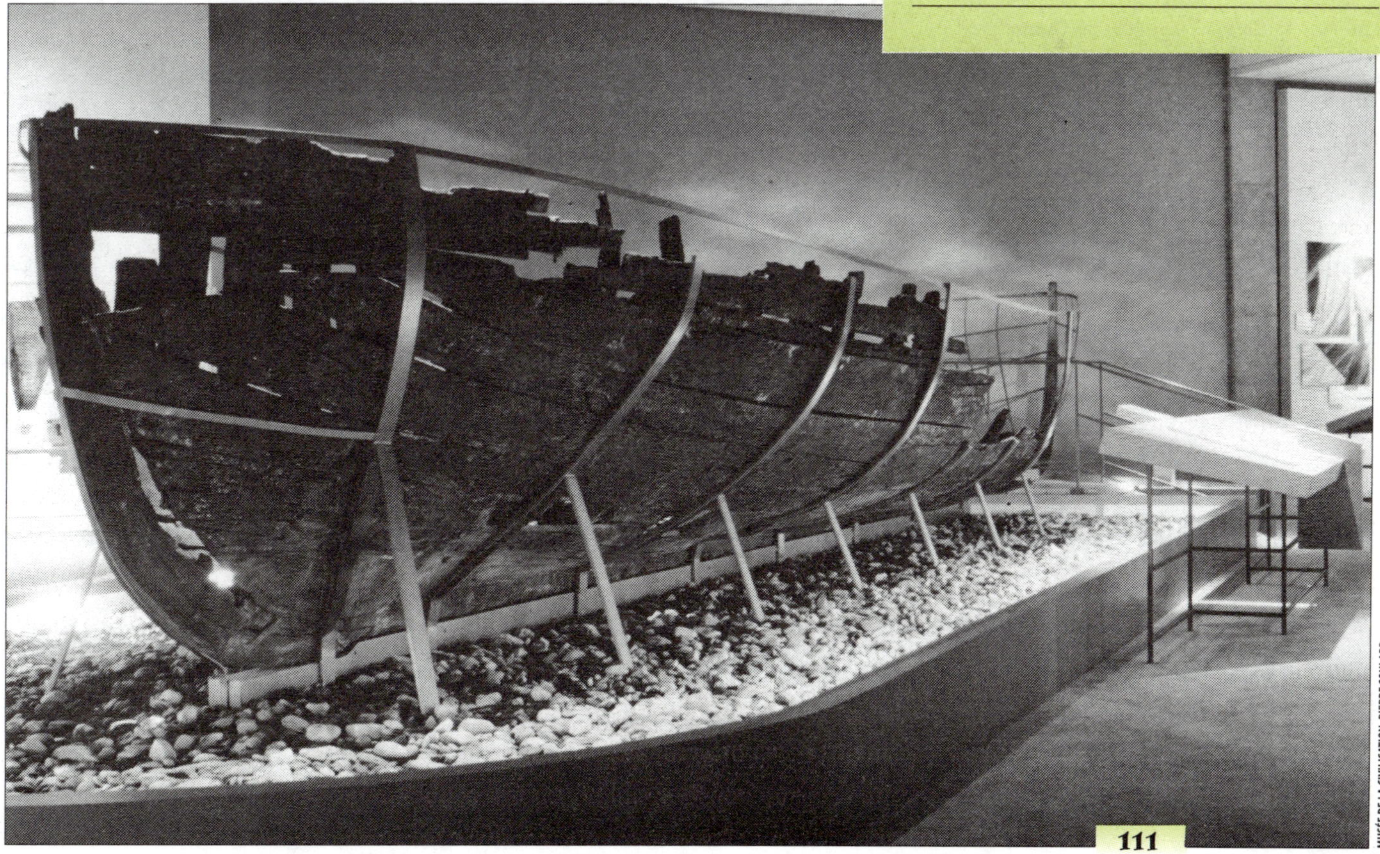

EXPLORE SON ET LUMIÈRE
63, rue Dalhousie
Québec (Qc) G1K 4B6

tél. : (418) 525-7920

notes _____
_____
_____
_____
_____

LIEU HISTORIQUE DU VIEUX-PORT-DE-QUÉBEC
100, rue Saint-André
Québec (Qc) G1K 7R3

tél. : (418) 648-3300

notes _____
_____
_____
_____
_____

EXPLORE

EXPLORE SON ET LUMIÈRE
Les découvreurs

*L*e spectacle multimédia mis au point par les promoteurs porte sur le thème des explorateurs qui ont sillonné forêts, lacs et rivières du continent à la recherche de nouvelles terres. Certains de ces grands voyageurs sont bien connus des historiens en herbe : Christophe Colomb, Jacques Cartier et Samuel de Champlain font partie de ceux-là. D'autres, tels que les Italiens Giovanni da Verrazano et Amerigo Vespucci, sont moins célèbres en nos contrées, mais leur rôle n'en a pas moins été capital. Le premier a donné son nom à un pont de New York et le prénom du second a servi à désigner notre continent.

LIEU HISTORIQUE DU VIEUX-PORT-DE-QUÉBEC
De mémoire de débardeur

*i*l fut un temps où la ville de Québec comptait parmi les plus importantes agglomérations urbaines du Nouveau Monde. C'était la belle époque des grands navires à voiles et des premiers bateaux à vapeur. La capitale était alors une porte d'entrée majeure du continent. Son port fourmillait de marchands, de milliers d'immigrés et de nombreux débardeurs chargeant des céréales et des fourrures en partance pour les vieux pays ou déchargeant des denrées en provenance d'Europe.

PARCS CANADA

Mais l'industrie majeure du temps, c'était la construction navale. C'est en effet à cette époque que les Anglais, à court de matière première, se sont tournés vers les immenses forêts canadiennes pour la construction des vaisseaux de l'armada de Sa Majesté. Les arbres centenaires de nos vastes étendues faisaient à ce point l'affaire de la marine de guerre britannique que de nombreux chantiers navals ont ouvert des cales sèches à seule fin de fournir aux amiraux anglais de quoi aller combattre les armées de Napoléon. C'est de ce prospère XIXᵉ siècle que traite le Centre d'interprétation du Vieux-Port. En passant le seuil, le visiteur est plongé dans l'atmosphère d'un «dock» grouillant d'activité, puis est transporté sur un chantier où œuvrent de solides bûcherons québécois. Un autre volet de l'exposition lui fait découvrir l'ambiance d'une grande entreprise de construction navale installée au pied de la rivière Saint-Charles. Des visites commentées et des activités sont offertes aux groupes.

L'ÎLOT DES PALAIS
C'était le temps des intendants

L'ÎLOT DES PALAIS
8, rue Vallières
Québec (Qc)

tél.: (418) 691-6092

Adresse postale:
Centre d'interprétation de la vie urbaine de Québec
a/s L'îlot des palais
43, rue de la côte de la Fabrique
Québec (Qc) G1R 5M1

notes _____

_____

_____

_____

_____

_____

_____

Lorsque les colons français ont fondé la Nouvelle-France, ils ont établi un mode de fonctionnement social basé sur l'autorité de l'intendant, responsable auprès du roi de la bonne marche de la colonie. Tout autour de sa vaste demeure se trouvaient de grands entrepôts qui contenaient de grandes quantités de biens commerciaux et de denrées alimentaires. La prison était elle aussi aménagée dans le groupe de bâtiments et plusieurs artisans au service de l'intendant tenaient boutique en ces lieux. Le site des voûtes du palais contient les vestiges de la brasserie mise sur pied par le tout premier intendant, le sieur Jean Talon. Paradoxalement, Talon a eu l'idée de mettre sur pied une industrie de la bière pour contrer l'ivrognerie des habitants. L'idée était astucieuse, puisque la bière est une boisson au taux d'alcool de loin plus raisonnable que celui des mauvais spiritueux frelatés qui minaient la santé des habitants.

Le palais de l'intendant fut brûlé lors de l'invasion américaine de 1775. Il n'en resta que les voûtes, qui furent rachetées par la brasserie Boswell à la fin du XIXe siècle, puis occupées par la compagnie Dow et abandonnées jusqu'à leur redécouverte récente par des étudiants en archéologie de l'Université Laval. L'histoire des palais vous est racontée à travers les vestiges archéologiques mis en valeur grâce à l'exposition «Québec, cité d'archéologie». Les voûtes sont le lieu d'un spectacle multimédia comprenant des terminaux vidéo et des jeux de son et lumière.

**CENTRE D'INTERPRÉTATION DE LA VIE URBAINE
DE LA VILLE DE QUÉBEC**
43, rue de la côte de la Fabrique
Québec (Qc) G1R 5M1

tél.: (418) 691-4606

notes _____
_____
_____
_____
_____
_____
_____
_____
_____

CENTRE D'INTERPRÉTATION DE LA VIE URBAINE DE LA VILLE DE QUÉBEC
La cité qui fut, la ville qui sera

*L*e Centre d'interprétation est le seul lieu de Québec consacré au phénomène urbain. Les nombreuses expositions explorent divers aspects de l'évolution de la capitale au cours des quatre siècles de son existence. Les grandes réalisations de l'ère moderne y sont également abordées. Au centre du petit complexe d'exposition trône une intéressante maquette qui donne une vue aérienne de Québec. Le film vidéo *Balade urbaine* trace un portrait impressionniste de la vénérable cité, tout en musique et en atmosphères.

VILLE DE QUÉBEC

LIEU HISTORIQUE NATIONAL CARTIER-BRÉBEUF
Les Blancs venus de l'océan

Situé dans l'un des plus beaux parcs de Québec, le lieu historique national Cartier-Brébeuf est en fait un centre d'interprétation comportant deux attractions majeures : une reproduction en tous points conforme de la **Grande Hermine**, la goélette qui amena Jacques Cartier en Nouvelle-France, et la réplique exacte d'une maison longue, grande hutte qui servait d'habitation aux Iroquois. Les visiteurs peuvent goûter au mode de vie des Amérindiens grâce à l'admirable reproduction de l'habitation commune et des objets domestiques qui faisaient partie de leur quotidien.

LIEU HISTORIQUE NATIONAL CARTIER-BRÉBEUF
175, rue de L'Espinay
C.P. 2474, Terminus postal
Québec (Qc) G1K 7R3

tél. : (418) 648-4038

notes _____

_____

_____

_____

_____

_____

_____

_____

_____

PARCS CANADA

CENTRE MUSÉOGRAPHIQUE DE L'UNIVERSITÉ LAVAL
Pavillon Louis-Jacques-Casault, porte 3545
Av. du Séminaire
Sainte-Foy (Qc) G1K 7P4

tél.: (418) 656-7111

notes _____

_____

_____

_____

_____

CENTRE MUSÉOGRAPHIQUE DE L'UNIVERSITÉ LAVAL
Le tour du monde en trois étages

Les expositions de ce musée, aménagé dans le temple du savoir francophone qu'est l'Université Laval, reposent sur quatre grands thèmes: l'univers, la Terre, la vie et l'homme. C'est l'occasion de constater la richesse de la collection de l'Université Laval.

Le musée est entièrement conçu comme une encyclopédie grandeur nature qu'on peut consulter en passant d'un thème à l'autre. Dans les couloirs consacrés à l'univers, on peut observer de magnifiques télescopes anciens tout en faisant connaissance avec les Galilée, Kepler et autres savants qui ont contribué à révolutionner nos connaissances en astronomie. Du côté des salles portant sur la Terre, on nous explique le passé de notre vieille planète, les minéraux dont elle est composée et la puissance de ses séismes et de ses volcans. À l'entrée de la salle thématique sur la vie, on a un choc: c'est une énorme tête de dinosaure qui nous accueille. Il s'agit des restes incroyablement bien conservés d'un centrosaure qui vécut dans les plaines de l'Alberta, il y a des millions d'années. Un peu plus loin, ce sont des insectes, des fossiles et des animaux naturalisés qui suscitent notre intérêt. Enfin, du côté de l'exposition sur l'homme, on peut observer le crâne intact d'un homme de Cro-Magnon.

Centrosaures

UNIVERSITÉ LAVAL, MARC ROBITAILLE

JARDIN BOTANIQUE ROGER-VAN DEN HENDE
La science des plantes

JARDIN BOTANIQUE ROGER-VAN DEN HENDE
2480, boul. Hochelaga
Québec (Qc) G1K 7P4

tél.: (418) 656-3410

notes _____
_____
_____
_____
_____

Ce jardin botanique porte le nom d'un éminent professeur qui enseigna à l'Université Laval. Un hommage bien naturel puisque, sans le travail colossal de Roger Van Den Hende, ce grand centre d'études sur les plantes n'aurait pas atteint une telle ampleur. Le professeur de botanique entendait d'ailleurs lui réserver la vocation de terrain de recherche pour ses étudiants. C'est pourquoi le jardin affiche la disposition ordonnée des parcs de recherche scientifique. Mais, avec le temps, le jardin Roger-Van Den Hende s'est attiré la faveur du public et des visiteurs de plus en plus nombreux viennent arpenter ses allées odorantes et fleuries. Aujourd'hui, le jardin compte plus de 2 500 espèces végétales d'Amérique, d'Europe et d'Asie, parmi lesquelles se trouvent de magnifiques arbres, arbustes et fleurs exotiques. Récemment, on a aménagé un jardin d'eau très réussi. Participez aux visites guidées pour jouir de tout le parfum de ces lieux.

JARDIN ROGER-VAN DEN HENDE, JACQUES ALLARD

117

AQUARIUM DU QUÉBEC
1675, av. des Hôtels
Sainte-Foy (Qc) G1W 4S3

tél.: (418) 659-5264

notes _____
_____
_____
_____
_____
_____

AQUARIUM DU QUÉBEC
Neptune reçoit

Une visite à l'Aquarium du Québec promet bien plus que l'observation des 2 000 spécimens de poissons, reptiles et mammifères qui évoluent gracieusement derrière les parois vitrées. En déambulant dans les allées circulaires de ce vaste complexe récréo-scientifique, on entre de plain-pied dans un univers de silence, aux mille formes et aux séduisantes couleurs. Des espèces impressionnantes comme les requins, les mérous et les esturgeons voisinent avec les petits poissons exotiques et colorés des mers du Sud. À l'extérieur du bâtiment, dans les bassins accrochés à l'escarpement, s'ébattent cinq espèces de phoques qui habitent le territoire québécois. Tous les jours, le bassin des phoques est le théâtre d'un petit spectacle d'animation. Ça vaut le coup de voir plonger et virevolter ces nageurs-jongleurs experts. L'Aquarium du Québec est situé au cœur d'une jolie forêt urbaine que sillonnent de nombreux sentiers bien aménagés. On peut pique-niquer sur le site tout en jouissant d'une vue magnifique sur le fleuve Saint-Laurent et le pont de Québec.

OTCCUQ

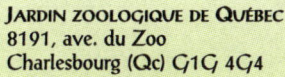
JARDIN ZOOLOGIQUE DE QUÉBEC
Toutes les bêtes du monde

JARDIN ZOOLOGIQUE DE QUÉBEC
8191, ave. du Zoo
Charlesbourg (Qc) G1G 4G4

tél. : (418) 622-0312

notes _____
_____
_____
_____
_____

U ne visite au Jardin zoologique de Québec compte parmi les devoirs que tout citoyen de Québec accomplit chaque année. Avec ses 600 pensionnaires représentant plus de 200 espèces animales, ce zoo représente un lieu d'observation et d'apprentissage des plus réjouissants. Le parc est aménagé comme un sentier menant les promeneurs de découverte en découverte.

La ménagerie comprend de nombreux animaux issus de nos forêts, tels que loups, lynx, orignaux et chevreuils, mais aussi des espèces exotiques comme les ours polaires, tigres et oiseaux rares. Le pavillon des primates loge une vaste et intéressante collection de singes du monde entier, du minuscule ouistiti pygmée au grand chimpanzé. Sur le chemin, on aperçoit des paons en liberté et des oiseaux aquatiques barbotant dans la petite rivière qui traverse le jardin.

OTCCUQ

119

VILLAGE DES SPORTS
1860, boul. Valcartier
Saint-Gabriel-de-Valcartier (Qc) G0A 4S0

tél.: (418) 844-2200

notes _____

_____

_____

_____

_____

_____

VILLAGE DES SPORTS
Qu'est-ce qu'on s'amuse !

L e Village des Sports est un peu une institution pour les citoyens de Québec. Chaque famille vient y faire son tour au moins une fois par année. L'hiver, de nombreuses pistes de glissade sur neige sont aménagées autour des sentiers de patin sur glace. L'été, on fait place aux jeux aquatiques. C'est avec un mélange de plaisir et de frayeur que parents et enfants se lancent du haut des glissades d'eau. Un peu plus loin, l'immense piscine à vagues fait les délices des familles les journées de grande chaleur. Chaque semaine de la belle saison, le Village des Sports organise des spectacles de plongeon acrobatique. Une piste de mini-formules motorisées et des sentiers de patins à roulettes complètent les installations.

MAISON AROÜANE
La longue marche des Wendats

MAISON AROÜANE
10, rue Alexandre-Duchesneau
Réserve de Wendake (Qc) G0A 4V0

tél. : (418) 845-1241

notes _____

_____

_____

_____

_____

_____

La vocation de ce petit musée est de nous présenter la culture de la nation wendat, mieux connue sous le nom de peuple huron. L'histoire de la fondation de la réserve de L'Ancienne-Lorette est en fait celle d'une tragédie. Au XVIIe siècle, les Hurons ont été expulsés par les Iroquois de l'Ontario, où ils avaient établi leurs terrains de chasse. Alliés des Français, ils se sont graduellement installés aux abords de Québec pour se fixer en 1700 à La Jeune Lorette, nommée aujourd'hui Wendake. De nos jours, les Amérindiens vivent paisiblement dans leur petite ville aux rues étroites parsemées de boutiques d'artisanat et de musées sur la vie autochtone. La Maison Aroüane est l'un de ces musées. On y tient des expositions thématiques temporaires sur le thème de la Huronnie et on présente en permanence des objets témoignant de la vie des Indiens d'Amérique, tels que des vêtements ornés de poils d'orignal ou d'épines de porc-épic.

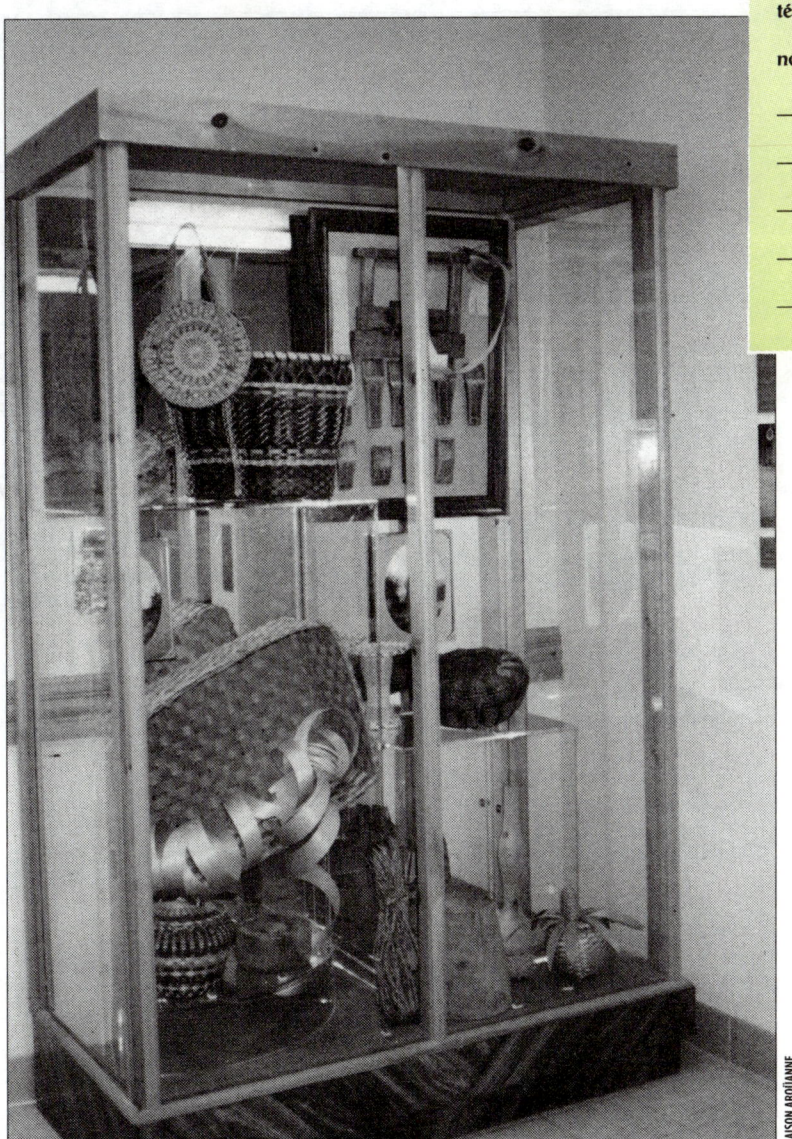

MAISON AROÜANNE

ONHOÜA CHETEK8E
575, rue Stanislas-Koska
Réserve de Wendake (Qc) G0A 4V0

tél.: (418) 842-4308

notes _____
_____
_____
_____
_____
_____
_____
_____
_____
_____

ONHOÜA CHETEK8E
Hospitalité huronne

VILLE LAC HURON-WENDAT, LUIS ALVAREZ

*A*u nord de la réserve de Wendake se trouve un village construit par les Wendats et reproduisant fidèlement une bourgade huronne comme celles qui se trouvaient jadis sur l'île d'Orléans, à Beauport et à Sainte-Foy. À l'instar de leurs ennemis iroquois (dont ils sont en fait proches parents), les Hurons habitaient des maisons longues, ces grandes habitations en forme de demi-cylindre recouvertes d'écorce et de peaux.

Les gourmets peuvent savourer des mets hurons typiques.

PARC DE LA CHUTE-MONTMORENCY
Cette eau part de si haut

PARC DE LA CHUTE-MONTMORENCY
2492, av. Royale
Beauport (Qc) G1C 1S1

tél.: (418) 663-2877

notes _____
_____
_____
_____
_____

Le parc de la Chute-Montmorency est une attraction majeure dans la région de Québec. Tous sont fascinés par les deux parties du parc: le cap, d'où la vue est extraordinaire, et le bas de la chute, où on voit de près la puissante trombe d'eau qui dévale la falaise de 83 m (30 de plus que les chutes du Niagara) à un débit pouvant atteindre 125 000 litres par seconde. Tout autour du site, des sentiers pédestres permettent de jouir de différents points de vue et on peut emprunter le téléphérique pour passer du bas au haut de la falaise. Suspendus dans le vide, les passagers de la cabine jouissent d'un coup d'œil unique sur la chute, le fleuve et l'île d'Orléans. Tout près du quai d'embarquement des télécabines, en haut du ravin, se trouve le manoir Montmorency, un bâtiment qui reproduit dans ses moindres détails l'ancienne maison dont le duc de Kent, fils de la reine Victoria d'Angleterre, avait fait sa résidence secondaire au XIXe siècle. Le bâtiment original a été détruit par le feu en mai 1993.

OTCCUQ

123

CHAPELLE DE PROCESSION DE LA VIERGE
1430, chemin Royal
Saint-Laurent, Île d'Orléans (Qc) G0A 3Z0

tél.: (418) 828-9411

notes _____

_____

_____

_____

_____

_____

_____

_____

_____

ÎLE D'ORLÉANS
Quarante-deux milles de choses tranquilles

Le tour de l'île représente assurément
l'une des plus belles excursions qu'on puisse faire au Québec.
Véritable musée vivant, l'île d'Orléans regorge
de maisons et de bâtiments
qui remontent aux premiers temps de la colonie.
C'est un peu le cœur du Québec qui bat ici.

CHAPELLE DE PROCESSION DE LA VIERGE
Ainsi priaient nos aïeux

C ette petite chapelle, qui sert traditionnellement pour un défilé annuel en hommage à la Vierge Marie, accueille l'été des artistes du coin qui en assurent l'animation.

EXPOSITIONS
CHAPELLE REPOSOIR
NOTRE-DAME-DE-GRÂCE
érigée en 1885

CHEMIN ROYAL
ST-LAURENT ILE D'ORLEANS

MUSÉE MARITIME GODBOUT
Les maîtres chaloupiers

MUSÉE MARITIME GODBOUT, HÉLÈNE MICHAUD

*A*u XIXe siècle, les chalouperies constituaient un important maillon de la chaîne économique de l'île. Elles donnaient de l'emploi aux insulaires et fournissaient des embarcations aux usagers du fleuve. Le petit musée maritime a été aménagé dans l'ancienne Chalouperie Godbout. On peut y voir une collection d'outils d'époque et y apprendre, grâce aux activités d'interprétation, la vie des maîtres menuisiers qui avaient fait de la construction de chaloupes un art.

MANOIR MAUVIDE-GENEST
Chez le notable

*C*ette grande demeure est un bel exemple du style massif et solide qui caractérisait les domaines normands. Construit entre 1734 et 1752 pour le sieur Jean Mauvide, chirurgien du roy, et sa femme Marie-Anne Genest, le manoir a résisté aux canons des conquérants anglais en 1759, mais il en garde encore les cicatrices sur ses murs antiques. En 1926, le juge Joseph-Camille Pouliot a racheté la maison, la sauvant de l'abandon et de la ruine. Depuis, on en a fait un intéressant micromusée.

MUSÉE MARITIME GODBOUT
120, chemin de la Chalouperie
Saint-Laurent, Île d'Orléans (Qc) G0A 3Z0

tél.: (418) 828-9672

notes _____
_____
_____
_____
_____

MANOIR MAUVIDE-GENEST
1451, chemin Royal
Saint-Jean, Île d'Orléans (Qc) G0A 3W0

tél.: (418) 829-2630

notes _____
_____
_____
_____
_____

Grande région de Québec

CHUTES SAINTE-ANNE
40, côte de la Miche
Beaupré (Qc) G0A 1E0

tél.: (418) 827-4057

notes _____
_____
_____
_____
_____
_____
_____
_____
_____
_____

CHUTES SAINTE-ANNE
Pays de roc et d'eau vive

GRAND CANYON DES CHUTES SAINTE-ANNE

Le Grand Canyon des chutes Sainte-Anne mérite bien son nom. Lorsqu'on s'avance sur le petit pont suspendu à 55 m au-dessus de la large échancrure où coule la rivière, on n'en doute plus une seconde. Les chutes Sainte-Anne ont été aménagées par deux frères, Jean-Marie et Laurent McNicoll. Convaincus du potentiel touristique de la haute cascade de 74 m, ils ont en 1965 commencé à aménager les premiers sentiers et construit un petit restaurant. Plus tard, des ponts se sont ajoutés et le circuit pédestre s'est allongé. Les aires de pique-nique et le système de navette rendent l'expédition plus aisée et plus attrayante.

LES SEPT CHUTES
Quand l'industrie se greffe à la nature

SITE TOURISTIQUE LES SEPT CHUTES, DIANE GAGNÉ

Le site des Sept Chutes se démarque des autres attractions naturelles du genre par ses installations hydro-électriques qui sont parmi les plus anciennes du pays. Des panneaux explicatifs judicieusement placés nous apprennent tout sur le fonctionnement de ces appareils. Comme ces vieilles installations ont fonctionné jusqu'en 1984, le tout demeure en parfait état de marche. Il s'agit d'un véritable complexe industriel du début du siècle parachuté en pleine nature, au sein de paysages d'une beauté époustouflante. L'ensemble crée un choc esthétique. Le canyon dans lequel s'échelonnent les sept hautes cascades fait plus de 130 m de hauteur. Le complexe hydroélectrique des Sept Chutes présente l'intérêt supplémentaire d'offrir un exemple d'intégration d'équipements industriels à l'environnement. Des visites guidées sont offertes.

LES SEPT CHUTES
4520, av. Royale
Saint-Ferréol-les-Neiges (Qc) G0A 3R0

tél.: (418) 826-3139

notes _____
_____
_____
_____
_____
_____
_____
_____
_____

Charlevoix incarne la nature belle et grandiose
qui a inspiré tant de peintres et d'artistes.
Vous aussi, vous en tomberez amoureux.
Cette région intègre de façon harmonieuse nature et culture.
Pour sa part, la région du Saguenay-Lac-Saint-Jean
évoque beaucoup plus que les bleuets de Mario;
ici, la richesse humaine vous séduira,
car les habitants aiment la vie avec passion et
le manifestent avec énergie.
Vous aimerez aussi ses deux plans d'eau uniques:
le lac Saint-Jean et la rivière Saguenay qui,
à travers un fjord majestueux,
relie le lac au fleuve Saint-Laurent.

DOMAINE FORGET
398, chemin des Bains
Saint-Irénée (Qc) G0T 1V0

tél. : (418) 452-8111

notes _____

_____

_____

_____

_____

_____

_____

_____

_____

_____

DOMAINE FORGET
Brunch champêtre dans Charlevoix

LE DOMAINE FORGET INC., RICHARD BOUCHARD

*L*e domaine Forget est une splendide propriété historique, joyau de la région de Charlevoix. Depuis 1977, ce site se spécialise, pendant la période estivale, dans la diffusion des arts d'interprétation et la formation artistique, plus particulièrement en musique et en danse. Parmi les nombreux divertissements offerts, mentionnons le brunch musical du dimanche. Cette activité champêtre à caractère familial se déroule sur une magnifique terrasse surplombant le fleuve Saint-Laurent et est agrémentée par la musique d'un instrumentiste ou d'un petit ensemble.

MOULINS DE L'ISLE-AUX-COUDRES
L'art de moudre le blé

MOULINS DE L'ISLE-AUX-COUDRES
247, chemin du Moulin
Île-aux-Coudres (Qc) G0A 1X0

tél.: (418) 438-2184

notes _____
_____
_____
_____
_____
_____

C et attrait fait partie du réseau actuel des neuf économusées du Québec. Ces petites entreprises visent à faire connaître un métier traditionnel par la fabrication de produits dont la vente leur permet de s'autofinancer. Économusée de la farine, les Moulins de l'Isle-aux-Coudres abrite un moulin à eau (1825) et un moulin à vent (1836), deux bâtiments admirablement restaurés et fonctionnels. Ils permettaient jadis aux insulaires de produire la farine nécessaire à leur subsistance. Ces moulins ont cessé leurs activités en 1948.

PIERRE DESJARDINS

Vous pourrez observer le meunier qui moud le blé et le sarrasin comme autrefois, avec de véritables meules de pierre. Des guides vous feront découvrir l'histoire et le fonctionnement des moulins. Si le cœur vous en dit, vous pourrez pique-niquer en famille sur le site.

PAPETERIE SAINT-GILLES
304, rue Félix-Antoine-Savard
Saint-Joseph-de-la-Rive (Qc) G0A 3Y0

tél. : (418) 635-2430

notes _____

_____

_____

_____

_____

_____

_____

_____

_____

_____

_____

PAPETERIE SAINT-GILLES
Du papier de grande classe

C et économusée vous accueille dans un atelier où l'on fabrique le papier comme on le faisait au XVIIe siècle. Venez admirer des artisans qui produisent du papier fin de coton auquel ils mêlent des feuilles et des fleurs de la région. Vous pourrez voir aussi des œuvres que des artistes de renom ont réalisées sur du papier à l'effigie de saint Gilles. De plus, divers articles vous feront apprécier l'importance et l'utilité du papier dans notre vie quotidienne. Cette petite entreprise fut créée en 1965 par monseigneur Félix-Antoine Savard, l'auteur du roman **Menaud maître draveur**.

JARDIN ZOOLOGIQUE DE SAINT-FÉLICIEN
Un zoo pas bête du tout

Le concept du zoo de Saint-Félicien est fort original : ce sont les visiteurs qui, à bord de wagons grillagés, se baladent dans les sentiers et découvrent les animaux de la faune canadienne en liberté dans leur habitat naturel. Tout au long de la promenade, certains aménagements renseignent les visiteurs sur l'histoire de la région. Le zoo comprend également une section plus traditionnelle.

JARDIN ZOOLOGIQUE DE SAINT-FÉLICIEN
2230, boul. du Jardin
Saint-Félicien (Qc) G8K 2P8

tél. : (418) 679-0543

notes _____

_____

_____

_____

_____

_____

_____

_____

_____

_____

_____

ATR SAG-LAC-ST-JEAN

133

LA FABULEUSE HISTOIRE D'UN ROYAUME
591, 5e Rue
La Baie (Qc) G7B 1Y7

tél. : (418) 697-5151

notes _____
_____
_____
_____
_____
_____
_____
_____
_____
_____

LA FABULEUSE HISTOIRE D'UN ROYAUME
Ce n'est pas une histoire à dormir debout

Qui n'a pas entendu parler de ce spectacle grandiose, la plus grande production du genre en Amérique ! *La Fabuleuse Histoire d'un royaume* évoque avec puissance la rage de vivre de ces Saguenéens sans complexe qui respectent leur riche passé mais gardent un œil vigilant sur l'avenir. Pour interpréter cette fresque historique, environ 200 comédiens et figurants se démènent sur scène. Au cours de la saison estivale, un autre spectacle à grand déploiement prend l'affiche : *Le Tour du monde de Jos Maquillon.*

ATR SAG-LAC-ST-JEAN

PARC MARIN DU SAGUENAY-SAINT-LAURENT
Tout un monde à découvrir

PARC MARIN DU SAGUENAY-SAINT-LAURENT
182, rue de l'Église
Tadoussac (Qc) G0T 2A0

tél. : (418) 235-4703

notes _____

_____

_____

_____

_____

U nique au Québec, ce parc vise la protection, la conservation et la mise en valeur d'une vaste étendue marine (d'une superficie de 1 138 km^2). Au confluent de la rivière Saguenay et du fleuve Saint-Laurent, le parc offre des centres d'attraction variés. Par exemple, le majestueux fjord du Saguenay s'avère une vitrine océanographique unique où foisonnent toutes les formes de vie, du plancton aux mammifères marins. Le fjord est une ancienne vallée qui se découpe en falaises escarpées sur près de 100 km, de Saint-Fulgence jusqu'à Tadoussac. Rendez-vous aussi aux sites d'observation terrestre, dont Pointe-Noire à Baie-Sainte-Catherine, un promontoire naturel d'où l'on peut observer les phénomènes marins à l'embouchure du Saguenay.

Tout en goûtant l'air frais et salé, vous aurez l'occasion d'observer des oiseaux et des mammifères marins ainsi que la faune et la flore aquatiques. Les guides et les naturalistes vous feront également mieux connaître les richesses du monde sous-marin. En raison de sa vaste étendue, ce parc est accessible à plusieurs endroits.

ATR SAG-LAC-ST-JEAN

135

notes

Croisières sur le lac et sur le Saguenay
Des balades variées et stimulantes

De belles excursions vous sont offertes tant sur le lac Saint-Jean et sur la rivière Saguenay que sur le fleuve Saint-Laurent. À vous de choisir !

NAVIMEX, FRANÇOIS CÔTÉ

CROISIÈRES SUR LE LAC ET SUR LE SAGUENAY
Des balades variées et stimulantes

Croisières La Marjolaine, navire pouvant transporter 400 passagers, vous invite en croisière sur le Saguenay pour admirer le spectacle impressionnant du fjord.

Les Croisières Hôtel Tadoussac vous offrent trois types de croisières sur des navires de la famille Dufour : safari visuel aux baleines, découverte du fjord du Saguenay et le Saint-Laurent en catamaran.

Croisières La Tournée vous accueille sur son navire de 100 passagers pour vous faire découvrir le lac Saint-Jean.

Croisières Navimex vous amène à bord du navire Cavalier des mers, qui peut contenir 275 passagers. Vous ferez une balade sur le fleuve dans un secteur propice à l'observation des baleines. Le décor vous enchantera et les baleines vous émerveilleront.

CROISIÈRES LA MARJOLAINE
Boul. Saguenay E.
Chicoutimi (Qc) G7H 5B7

tél. : (418) 543-7630

notes _____

_____

CROISIÈRES HÔTEL TADOUSSAC
165, rue Bord-de-l'Eau
Tadoussac (Qc) G0T 2A0

tél. : (418) 235-4421

notes _____

_____

CROISIÈRES LA TOURNÉE
1385, chemin de la Marina
C.P. 836
Alma (Qc) G8B 5W1

tél. : (418) 668-3016

notes _____

_____

CROISIÈRES BALEINES (NAVIMEX)
200, rue Hayward (marina)
C.P. 305
Rivière-du-Loup (Qc) G5R 3Y9

tél. : (418) 867-3361

notes _____

_____

PARC DE LA POINTE-TAILLON
825, 3e Rang S.
Saint-Henri-de-Taillon (Qc) G0W 2X0

tél. : (418) 695-7883

notes _____

_____

_____

_____

_____

PARC DE LA POINTE-TAILLON
Pour mieux contempler le lac Saint-Jean

À l'embouchure de la rivière Péribonka, ce parc met en vedette les eaux bleues du lac Saint-Jean et les diverses activités nautiques que l'on y pratique : baignade, voile, canot, planche à voile. Vous serez surpris par la beauté de la longue plage de sable. Vous pourrez également emprunter, à pied ou à vélo, des sentiers bien aménagés.

ATR SAG-LAC-ST-JEAN

MUSÉE LOUIS-HÉMON
Au pays de Maria Chapdelaine

A xé sur la mise en valeur de la littérature et du patrimoine régional, ce musée inauguré en 1986 vous fera mieux connaître Louis Hémon, l'auteur breton du célèbre roman **Maria Chapdelaine**. Le musée se trouve dans le village pittoresque de Péribonka, en bordure du lac Saint-Jean. Sur le site, vous pourrez visiter la maison historique Samuel-Bédard, identique à celle où vivait la famille de Maria Chapdelaine. C'est Samuel Bédard qui, en 1912, avait amicalement invité Louis Hémon à venir travailler et séjourner chez lui, ne se doutant pas alors des suites historiques de cette simple invitation.

MUSÉE AMÉRINDIEN DE POINTE-BLEUE
Les traditions des tout premiers habitants

G éré par les Montagnais, qui furent les premiers habitants de la région du Lac-Saint-Jean, ce musée vise à préserver et à promouvoir l'histoire et l'héritage de leur nation. Vers 1850, les Montagnais ont progressivement délaissé leur nomadisme traditionnel pour s'installer de façon plus sédentaire dans un petit village de la région. Le musée présente diverses expositions, des films vidéo et des visites guidées. De plus, vous pourrez admirer des œuvres réalisées par des artistes autochtones.

MUSÉE LOUIS-HÉMON
700, route 169
Péribonka (Qc) G0W 2G0

tél.: (418) 374-2177

notes _____
_____
_____
_____
_____
_____
_____

MUSÉE AMÉRINDIEN DE POINTE-BLEUE
407, rue Amishk
Mashteuiatsh (Pointe-Bleue) (Qc) G0W 2H0

tél.: (418) 275-4842

notes _____
_____
_____
_____
_____
_____
_____

Sur la rive sud du fleuve Saint-Laurent,
juste en face de Québec,
la région Chaudière-Appalaches vous invite
à savourer la beauté de sa nature
et la diversité de ses attraits.
Que ce soit en Beauce, dans la région de l'Amiante
ou sur la Côte-du-Sud,
votre famille et vous ferez des découvertes
qui sauront agrémenter votre visite.

MARINA DE SAINT-MICHEL-DE-BELLECHASSE
Saint-Michel-de-Bellechasse (Qc) G0R 3S0

tél.: (418) 884-2441

notes _____

_____

_____

_____

_____

KAYAK DE MER EXPLORE
En voguant sur le fleuve

S portifs et amoureux de l'aventure, voici une invitation originale qui vous permettra de goûter et de vivre la splendeur du fleuve Saint-Laurent. Sous l'habile direction de Michel DeRoy, vous aurez l'occasion d'effectuer une randonnée en kayak de mer sur le fleuve, entre le village de Saint-Michel, l'île d'Orléans et l'archipel des îles de Montmagny. Des guides kayakistes d'expérience vous permettront de vivre cette expérience en toute sécurité.

Des activités d'initiation et diverses expéditions sont offertes; les guides tiennent compte de la préparation des participants et des conditions météorologiques. Un programme spécial permet à la famille de faire une excursion d'initiation d'une durée d'environ deux heures à bord de kayaks doubles, plus sécuritaires pour les jeunes explorateurs.

ATR CHAUDIÈRES-APPALACHES, JEAN-BEAULIEU

142

MUSÉE DES VOITURES À CHEVAUX DE BELLECHASSE
Les hippomobiles, vous connaissez ?

MUSÉE DES VOITURES À CHEVAUX DE BELLECHASSE
293, route Saint-Vallier
Saint-Vallier (Qc) G0R 4J0

tél. : (418) 884-2238

notes _____

_____

_____

_____

_____

_____

Collectionneur passionné depuis de nombreuses années, Onil Corriveau a regroupé plus d'une centaine de voitures à chevaux d'époque. Pour nos ancêtres, les «hippomobiles» étaient des objets indispensables de la vie quotidienne, que ce soit pour le travail, le transport ou encore pour le simple divertissement. Ouvert depuis 1984, ce petit musée possède l'une des plus belles collections de voitures à chevaux d'Amérique du Nord, modèles d'été ou d'hiver. Sur le site, vous pourrez observer les voitures qui ont servi lors du tournage d'émissions populaires telles que *Les Filles de Caleb*, *Cormoran*, *Blanche*, *René Lévesque*. L'environnement est pittoresque et le Saint-Laurent magnifique. Rien ne manque pour vous faire apprécier une réalité importante de la vie au siècle dernier. La collection comprend également des attelages, des instruments aratoires et certains objets liés aux voitures à chevaux.

Chaudière-Appalaches

MAISON J.-A.-VACHON
383, rue de la Coopérative
Sainte-Marie (Qc) G6E 3B6

tél.: (418) 387-4052

notes _____
_____
_____
_____
_____
_____

MAISON J.-A.-VACHON
Jos Louis et ses petits gâteaux

Les Beaucerons sont reconnus pour leur dynamisme et leur esprit d'entreprise. C'est dans cette perspective que nous vous suggérons de venir découvrir la merveilleuse aventure des petits gâteaux Vachon. Les jeunes et les parents seront charmés par cette histoire qui a débuté modestement en 1923, quand Joseph-Arcade Vachon et sa femme Rose-Anna Giroux achetèrent une petite boulangerie à Sainte-Marie-de-Beauce. Pour améliorer la rentabilité, le couple décide rapidement de diversifier ses produits en ajoutant

une nouvelle gamme: des pâtisseries. Bonne cuisinière, Rose-Anna entreprend alors la préparation de croquignoles, de tartes et de gâteaux. Les enfants s'engagent progressivement dans l'entreprise familiale et, en 1932, la grande aventure commence, les ventes débordant la région de la Beauce. En 1940, la famille Vachon décide de mettre l'accent sur la préparation de pâtisseries. Venez visiter la résidence où commença l'épopée de ce couple qui, par son audace et son travail, a réussi avec ses enfants à transformer une idée en une activité économique importante et stimulante. Vous découvrirez l'ingéniosité de Rose-Anna et de Joseph-Arcade pour faire prospérer leur petite entreprise familiale. Vous verrez un film vidéo sur l'histoire de la famille et ferez une visite guidée des installations actuelles de la Pâtisserie Vachon. Maintenant devenue grande, cette entreprise emploie environ 800 personnes et fabrique près de deux millions de petits gâteaux par jour, ce qui en fait la plus importante du genre au Canada. L'histoire de la famille Vachon fait partie de la tradition et du fleuron entrepreneurial des Beaucerons.

ATR CHAUDIÈRES-APPALACHES

VISITES MINIÈRES
Des mines réjouies

V otre visite dans la région de l'Amiante ne peut être complète sans un détour par une mine à ciel ouvert, la mine d'amiante LAB Chrysotile. Dans la Labmobile, un autobus sécuritaire et spécialement adapté, laissez-vous transporter au cœur d'une gigantesque mine d'amiante en exploitation. La visite vous renseignera également sur les produits à base d'amiante et vous amènera aux sites d'extraction, d'ensachage et d'expédition.

Pour bien vivre cette expérience minière, nous vous suggérons également de visiter le Musée minéralogique et minier, où une exposition permanente vous expliquera l'origine des Appalaches, le développement minier de la région et l'histoire de l'amiante. Le musée offre d'autres attractions axées sur le monde minier.

ATR CHAUDIÈRES-APPALACHES, JEAN BEAULIEU

TOURISME AMIANTE
682, rue Monfette N.
Thetford Mines (Qc) G6G 7G9

tél.: (418) 335-7141

notes _____

_____

_____

_____

_____

_____

MUSÉE MINÉRALOGIQUE ET MINIER
671, boul. Smith S.
Thetford Mines (Qc) G6G 5T3

tél.: (418) 335-2123

notes _____

_____

_____

_____

_____

_____

LIEU HISTORIQUE NATIONAL DE LA GROSSE-ÎLE
6, rue Bernatchez
Montmagny (Qc) G5V 1H2

tél.: (418) 248-4832

notes _____

_____

_____

_____

_____

LIEU HISTORIQUE NATIONAL DE LA GROSSE-ÎLE
La petite histoire d'une grosse île

Grosse-Île se trouve au cœur d'un archipel de 21 îles au milieu du fleuve Saint-Laurent, à environ 50 km à l'est de Québec. En admirant la beauté exceptionnelle de ce site aujourd'hui, le visiteur ne peut s'imaginer l'intensité des événements qui s'y sont déroulés.

Au cours des années 1830, l'arrivée massive d'immigrants européens affectés par de graves maladies infectieuses obligea les autorités à établir une station de quarantaine. Entre 1845 et 1847 en particulier, des milliers d'Irlandais s'embarquèrent à bord de grands voiliers pour échapper à la grande famine qui sévissait dans leur pays; en arrivant ici, ils séjournèrent à Grosse-Île, où malheureusement plusieurs moururent. Au fil des ans, quelques millions d'immigrants transitèrent par cette petite île qui fait 2,5 km de longueur sur 0,8 km de largeur.

De 1937 à 1957, sa vocation de gardienne de l'Amérique fut élargie : les armées canadienne et américaine y menèrent des expériences secrètes pour protéger l'Amérique contre une éventuelle guerre bactériologique. À partir de 1957, tous les animaux importés au Canada et aux États-Unis devaient passer par Grosse-Île, qui devint un centre international de recherche vétérinaire. Des guides chevronnés vous feront revivre l'époque des migrations et partager les beautés et les secrets de cette île mystérieuse.

On accède à Grosse-Île par bateau, principalement avec les Croisières Lachance; des excursions sur le fleuve sont également offertes.

MUSÉE MARITIME BERNIER
Au pays des marins

MUSÉE MARITIME BERNIER
55, chemin des Pionniers E.
L'Islet-sur-Mer (Qc) G0R 2B0

tél.: (418) 247-5001

notes _____
_____
_____
_____
_____

L'Islet-sur-Mer, pittoresque village surnommé la «patrie des marins», abrite le musée Bernier. Vous y découvrirez une facette du patrimoine maritime québécois. Le nom du musée a été choisi en hommage à un navigateur réputé, natif de L'Islet-sur-Mer, le capitaine J.-Elzéar Bernier. Ses nombreuses expéditions au début du siècle ont contribué à établir la présence du Canada sur les territoires et les eaux du Grand Nord, car c'est lui qui prit possession des îles de l'Arctique au nom du Canada, en 1909. Aménagé dans un ancien couvent en bordure du fleuve Saint-Laurent, cet attrait historique et culturel divertira toute votre famille par ses pôles d'attraction variés : le musée et ses trois salles d'exposition, le brise-glace Ernest-Lapointe, l'hydroptère Bras d'or et le parc d'interprétation de la mer. Chaque année, le musée développe une nouvelle thématique et propose des expositions variées.

147

ATR CHAUDIÈRES-APPALACHES, JEAN BEAULIEU

CENTRE D'ART ANIMALIER FAUNART
377, av. de Gaspé O.
Saint-Jean-Port-Joli (Qc) G0R 3G0

tél.: (418) 598-7034

notes _____

_____

_____

_____

_____

_____

_____

_____

_____

CENTRE D'ART ANIMALIER FAUNART
Dessine-moi un mouton

Unique au Québec, ce centre charme l'œil grâce à sa captivante exposition illustrant plusieurs espèces d'animaux du Québec. Les œuvres font appel à quatre disciplines, soit la peinture, la sculpture, la photographie et la taxidermie. Le centre a été aménagé au cours des dernières années dans une grange octogonale datant du début du siècle. Il ajoute au cachet artistique de Saint-Jean-Port-Joli, ce village touristique déjà réputé pour ses habiles sculpteurs, dont les Bourgault ne sont pas les moins célèbres.

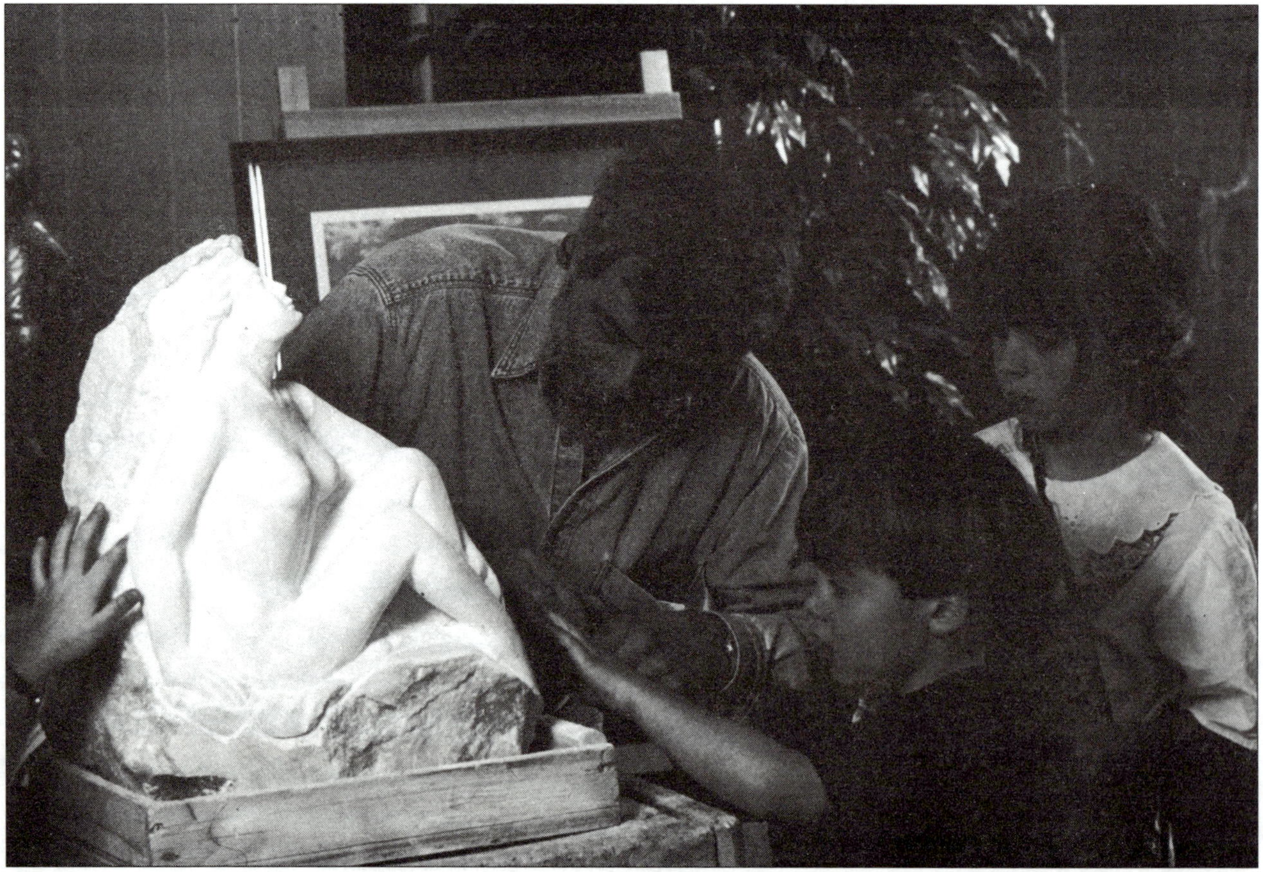

SEIGNEURIE DES AULNAIES
À tout seigneur, tout honneur

SEIGNEURIE DES AULNAIES
525, rue de la Seigneurie
Saint-Roch-des-Aulnaies (Qc) G0R 4E0

tél. : (418) 354-2800

notes _____

_____

_____

_____

_____

_____

Ce domaine fait partie de la plus ancienne concession seigneuriale sur la rive sud du fleuve, de Montmagny jusqu'au golfe du Saint-Laurent. Il avait été concédé en 1656 à Nicolas Jucheneau. Dans un magnifique décor naturel, ce centre d'interprétation illustre ce qu'était la vie sous le régime seigneurial, une période importante de l'histoire québécoise. De façon amusante, des personnages en costume d'époque vous guideront et agrémenteront votre visite en interprétant et en jouant de courtes scènes de la vie quotidienne du temps.

Une balade vous permettra d'admirer la beauté de ce site enchanteur et de profiter de son atmosphère romantique. Le domaine comprend un manoir seigneurial (1854) de style victorien, un moulin (1842) de trois étages en pierre de taille ainsi que la maison du meunier. Le manoir reflète l'aisance de la classe marchande du XIXe siècle. C'est le seigneur Amable Dionne qui l'a fait construire d'après les plans de l'architecte de renom Charles Baillargé. Quant au moulin banal, il était au cœur de la vie sociale et économique d'une seigneurie, car les habitants avaient l'obligation d'y faire moudre leur blé. Le meunier vous expliquera comment on obtient de la farine et vous aurez également la possibilité de déguster et d'acheter ses excellents produits.

Depuis longtemps,
ces régions sont des destinations chéries des touristes.
Baignées par la mer, elles ont su garder
leur beauté sauvage qui ne finit jamais de
nous émerveiller.

•Ste-Anne-des-Monts

8

•Gaspé

9

•Matane

•Percé

•Amqui

•Rimouski

7

•Carleton

6

10

4

•Rivière-du-Loup

2

3

5

1

Golfe St-Laurent

ÎLES
DE LA MADELEINE

11•Cap-
aux-Meules

Sept-Îles

Baie-Comeau •

• Rouyn-Noranda

• Gaspé

Chicoutimi •

• Rimouski

• Cap-aux Meules

La Malbaie •

Québec •

Trois-
Rivières •

Joliette •

• Saint-Georges

St-Jérôme •

Laval • • St-Hyacinthe

Hull •   Montréal •   • Sherbrooke

Bas St-Laurent, Gaspésie et Îles de la Madeleine

Pohénégamook Santé Plein Air
1723, chemin Guérette
Pohénégamook (Qc) G0L 1J0

tél.: (418) 859-2405

notes _____
_____
_____
_____
_____

POHÉNÉGAMOOK SANTÉ PLEIN AIR
À la découverte de la bête marine

Le centre quatre-saisons de Pohénégamook offre à votre famille une belle variété d'activités dans un environnement reposant. Un centre de santé complet est intégré à ce parc récréatif. Si vous êtes chanceux ou imaginatif, vous apercevrez peut-être Ponik, la légendaire bête marine qui hante les eaux du lac Pohénégamook et qui serait la lointaine cousine du monstre du loch Ness, en Écosse… Sinon, tant pis!

Vous n'aurez qu'à profiter de votre séjour pour vous reposer et vous amuser.

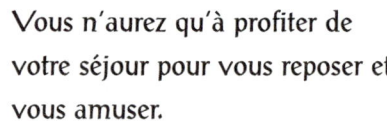

ATR BAS-ST-LAURENT

152

LE CHÂTEAU DE RÊVE
Et ce n'est pas en Espagne

LE CHÂTEAU DE RÊVE
65, rue de l'Ancrage
Rivière-du-Loup (Qc) G5R 3Y5

tél.: (418) 867-2864

notes _____

_____

_____

_____

_____

Proposez à toute la famille un rendez-vous avec la magie et la fantaisie! L'attrait le plus spectaculaire du parc est le magnifique château de style victorien où le visiteur est plongé dans un décor de rêve. La chambre princière, la caverne et ses trésors, les souvenirs de voyage du prince vous amènent au pays des contes de fées. Mais le parc, c'est aussi une foule d'attraits et d'activités qui sauront divertir les jeunes de tous âges. Il est situé dans un lieu enchanteur sur les rives du Saint-Laurent, à proximité du quai d'embarquement de la traverse Rivière-du-Loup-Saint-Siméon.

ATR BAS-ST-LAURENT

153

PARC PETIT TÉMIS
C.P. 52
Rivière-du-Loup (Qc) G5R 3Y7

tél.: (418) 868-1869

notes _____
_____
_____
_____
_____
_____
_____
_____
_____

PARC PETIT TÉMIS
Un beau parc étroit et long

S itué au cœur du Témiscouata et de la vallée de la Madawaska, le parc linéaire interprovincial Petit Témis est l'endroit tout désigné pour les amateurs de plein air et de vélo. Il s'agit d'une piste cyclo-pédestre de 65 km aménagée sur une ancienne voie ferrée. Que ce soit en famille ou entre amis, le Petit Témis vous fera découvrir une région riche sur le plan patrimonial. Accessible à partir de certaines municipalités, dont Rivière-du-Loup et Cabano, la piste longe les splendides paysages des rives du lac Témiscouata et de la rivière Madawaska. Ce parc linéaire relie certains attraits touristiques tels que le fort Ingall à Cabano et le Jardin botanique du Nouveau-Brunswick.

ATR BAS-ST-LAURENT

Au JAL à cheval
Un rêve devenu réalité

Situé dans le Témiscouata, sur les hauts plateaux des Appalaches, ce centre équestre accueille des touristes depuis près de vingt ans et leur offre des randonnées-séjours de deux à cinq jours. Ce centre est l'aboutissement du rêve de Michel Grégoire, un gars de la région du JAL qui voulait depuis longtemps offrir de belles vacances à cheval. Les amateurs d'équitation apprécieront la beauté et la diversité des 200 km de sentiers qui côtoient lacs et rivières, et sillonnent les montagnes.

Au JAL à cheval
82, rang 12
Auclair (Qc) G0L 1A0

tél.: (418) 899-6635

notes _____
_____
_____
_____
_____
_____
_____
_____
_____
_____
_____

ATR BAS-ST-LAURENT

FORT INGALL
81, chemin Caldwell
Cabano (Qc) G0L 1E0

tél. : (418) 854-2375

notes _____

_____

_____

_____

_____

FORT INGALL
Un fort au cas où

En 1839, une querelle frontalière entre le Canada et les États-Unis incite les Canadiens à construire des postes de défense le long de la voie de communication reliant la vallée du Saint-Laurent à la baie de Fundy. C'est dans ce contexte que le fort Ingall a été aménagé à Cabano, sur le bord du lac Témiscouata. Ce fort n'a cependant jamais connu la bataille et, après le règlement du conflit en 1842, il fut laissé à l'abandon pour n'être réaménagé qu'en 1973. Sur le site, vous trouverez animation, expositions, jeux et aires de pique-nique.

ATR BAS-ST-LAURENT

EXCURSIONS À L'ÎLE AUX BASQUES
Des chasseurs de baleines

*A*u cours du XVᵉ siècle, avant que Jacques Cartier débarque à Gaspé, des Basques naviguaient déjà depuis la France jusqu'au fleuve Saint-Laurent pour venir chasser et capturer des baleines. Cette chasse visait principalement à recueillir l'huile de ces mammifères géants, fort prisée en Europe pour le chauffage et l'éclairage. Les baleiniers avaient établi une base de pêche sur l'île, baptisée depuis l'île aux Basques. Située à 5 km au large de Trois-Pistoles, l'île est équipée de fours ayant servi jusque vers 1630 à produire l'huile de baleine. Elle a également été désignée lieu de pèlerinage à cause de ses nombreuses espèces d'oiseaux et offre aux visiteurs des sentiers d'interprétation de la nature.

EXCURSIONS À L'ÎLE AUX BASQUES
MARINA DE TROIS-PISTOLES
Trois-Pistoles (Qc) G0L 4K0

tél.: (418) 851-1202

Adresse postale:
468, Vézina
C.P. 1954
Trois-Pistoles (Qc) G0L 4K0

notes _____

_____

_____

_____

_____

157

ATR BAS-ST-LAURENT

Parc du Bic
Pointe-au-Père (Qc)

Adresse postale:
Parc du Bic
365, boul. Sainte-Anne
Pointe-au-Père (Qc) G5M 1E8

tél.: (418) 722-3779

notes _____
_____
_____
_____
_____
_____

Parc du Bic
De quoi écrire à sa tante

À pied ou à vélo, venez découvrir et admirer ce parc dont le paysage spectaculaire est dessiné par le fleuve. Des excursions en bateau ou en kayak de mer vous permettront de visiter les îles du Bic. Si vous êtes amateur, le club de golf du Bic est un régal. Fait cocasse, le nom du Bic n'a rien à voir avec le fabricant de stylos. Il provient plutôt d'une erreur de lecture du journal de voyage de Samuel de Champlain, qui faisait allusion à un pic.

ATR BAS-ST-LAURENT, BERNARD DUBÉ

PARC NATIONAL FORILLON
Un petit phare grandiose

PARCS CANADA

PARC NATIONAL FORILLON
146, boul. Gaspé
C.P. 1220
Gaspé (Qc) G0C 1R0

tél. : (418) 368-5505

notes _____

_____

_____

_____

_____

_____

_____

F orillon signifie «petit phare», un lieu d'où l'on peut observer la mer, les falaises, les havres de pêche, etc. C'est ce que vous propose ce parc créé en 1970; ce fut le premier parc national au Québec. Il vise à conserver et à faire apprécier les ressources du patrimoine naturel et culturel de la région. Le parc Forillon abrite un large échantillon de la faune québécoise; ainsi, les oiseaux y sont représentés par plus de 240 espèces. La variété et la rareté de la flore constituent un autre attrait à observer lors de votre visite. On accède au parc par deux centres d'accueil, l'un à Penouille et l'autre à L'Anse-au-Griffon.

Pour vraiment apprécier votre visite dans ce parc, n'hésitez pas à participer aux activités d'interprétation offertes. On vous montrera des reconstitutions de certains bâtiments et de sites tels que le monument Logan, dédié à Sir William Edmond Logan, considéré comme le père de la géologie moderne, et un monument à la mémoire de Jacques Cartier. De plus, une exposition rappelle le naufrage du navire *Empress of Ireland* qui coula dans le fleuve Saint-Laurent en 1914, faisant plus de 1 000 victimes.

PARC DE L'ÎLE-BONAVENTURE-ET-DU-ROCHER-PERCÉ
4, rue du Quai
C.P. 310
Percé (Qc) G0C 2L0

tél.: (418) 782-2241

notes _____
_____
_____
_____
_____
_____
_____
_____
_____
_____

PARC DE L'ÎLE-BONAVENTURE-ET-DU-ROCHER-PERCÉ
Le spectacle des fous de Bassan

Qui ne connaît pas le rocher Percé! Cet attrait demeure un classique qui séduit chaque visiteur, grand ou petit. Lorsque la marée le permet, vous pouvez vous balader à proximité du fameux rocher dont les dimensions sont impressionnantes (475 m de longueur, 88 m de hauteur et 90 m de largeur). On vous offre aussi l'occasion de vous rendre en bateau à l'île Bonaventure. Des sentiers pédestres bien aménagés vous feront découvrir une flore exceptionnelle. Outre la beauté naturelle de l'île, vous serez émerveillés par le refuge d'oiseaux migrateurs de l'île Bonaventure où nichent plus de 280 000 oiseaux dont les splendides fous de Bassan. Si le cœur vous en dit, vous pourrez pique-niquer sur l'île tout en admirant un décor exceptionnel. Toute la famille appréciera certainement cette excursion en mer! Des services d'interprétation sont offerts de la fin juin à la fin août.

LIEU HISTORIQUE NATIONAL DE LA BATAILLE-DE-LA-RISTIGOUCHE
Le dernier combat naval

L'histoire vous intéresse? Voilà un attrait touristique qui vous plongera en 1760, au temps où Français et Anglais se livraient une lutte acharnée pour établir leur suprématie sur le Nouveau Monde. En avril 1760, des navires français quittent Bordeaux pour venir libérer la Nouvelle-France, tombée aux mains des Anglais. En juillet, à l'embouchure de la rivière Ristigouche, les navires britanniques dirigés par John Byron renversent les troupes françaises (rendues dans la baie des Chaleurs) commandées par François-Gabriel d'Angeac. Il faut dire que les 400 soldats français, appuyés par quelques Acadiens et Indiens, faisaient face à 1 700 soldats britanniques.

Le centre d'interprétation du lieu historique reconstitue la traversée de l'océan Atlantique par la flotte de ravitaillement, ainsi que la bataille navale. L'intérieur du voilier français *Le Machault* y est aussi recréé et divers objets trouvés dans l'épave lors des fouilles sous-marines sont exposés.

EXCURSIONS DE LA LAGUNE
Une fenêtre sur le fond marin

Malgré leur éloignement (215 km de la péninsule gaspésienne), les îles de la Madeleine constituent un attrait touristique majeur. Comprenant une douzaine d'îles, l'archipel a la forme d'un croissant d'environ 65 km de longueur. Parmi les îles les plus connues, notons l'île de la Grande-Entrée et la Grosse-Île, l'île aux Loups, l'île du Havre-aux-Maisons, l'île du Havre-Aubert et l'île du Cap-aux-Meules. Le nom «îles de la Madeleine» aurait été attribué à cet archipel en 1663 en l'honneur de Madeleine Fontaine, l'épouse du premier seigneur des îles. Parmi les nombreux attraits intéressants, nous vous suggérons les Excursions de la lagune. Lors de cette croisière à bord d'un bateau à fond de verre dans la lagune de Havre-aux-Maisons, vous explorerez les fonds marins en gardant les pieds bien au sec.

LIEU HISTORIQUE NATIONAL
DE LA BATAILLE-DE-LA-RISTIGOUCHE
Route 132
Pointe-à-la-Croix (Qc) G0C 1L0

tél.: (418) 788-5676

notes _____
_____
_____
_____
_____
_____

EXCURSIONS DE LA LAGUNE
LA POINTE (MARINA)
Île du Havre-aux-Maisons (Qc)
Îles de la Madeleine

tél.: (418) 969-2088

notes _____
_____
_____
_____
_____
_____

La Côte-Nord vous convie
à un rendez-vous avec
une nature vigoureuse et fascinante.
Cet immense territoire situé
sur la rive nord du fleuve Saint-Laurent
s'étend de Tadoussac à Blanc-Sablon
(incluant l'île d'Anticosti).
Il vous offre l'occasion
de découvrir et
d'apprécier la nature sauvage !

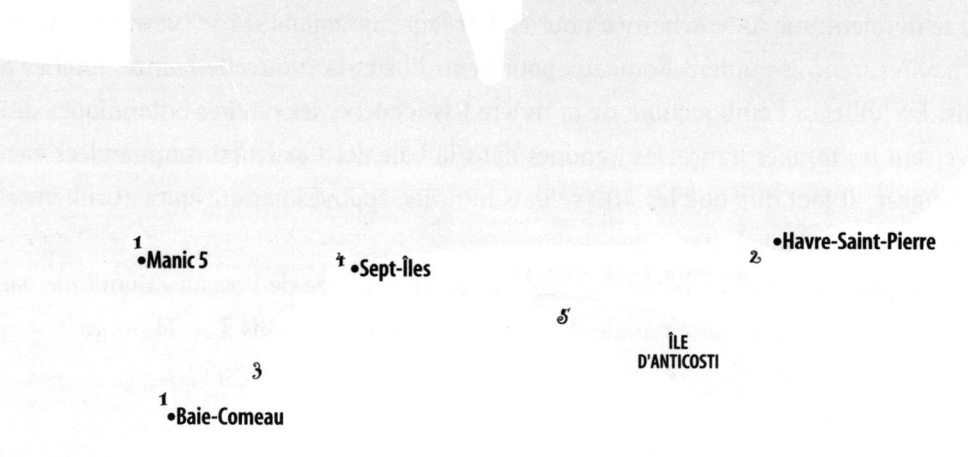

1
•Manic 5

4 •Sept-Îles

•Havre-Saint-Pierre
2

5

ÎLE
D'ANTICOSTI

3

1
•Baie-Comeau

•Tadoussac

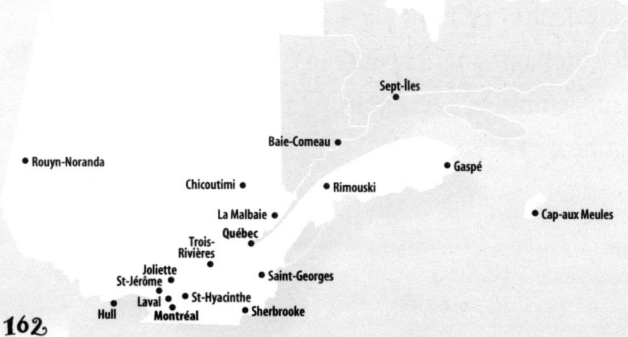

Sept-Îles

Rouyn-Noranda •

Baie-Comeau •

Chicoutimi •

• Gaspé

• Rimouski

La Malbaie •

• Cap-aux-Meules

Québec

Trois-
Rivières

Joliette

St-Jérôme •

• Saint-Georges

Laval • • St-Hyacinthe

Hull
Montréal

• Sherbrooke

Côte-Nord

BARRAGES MANIC 2 ET MANIC 5
235, boul. Lasalle
Baie-Comeau (Qc) G4Z 2Z4

tél.: (418) 294-3923

notes _____
_____
_____
_____
_____
_____
_____
_____
_____
_____

BARRAGES MANIC 2 ET MANIC 5
Deux réalisations du génie québécois

Sur la rivière Manicouagan, au nord de Baie-Comeau, Hydro-Québec a aménagé des barrages hydro-électriques de grande envergure dont deux sont ouverts aux visiteurs: Manic 2, à 22 km de Baie-Comeau, et Manic 5, à 215 km. Des animateurs vous expliqueront les techniques de construction de ces barrages. Votre visite vous permettra de mieux comprendre comment l'on produit, transporte et distribue l'électricité. Vous serez impressionné par l'ampleur de ces chefs-d'œuvre d'ingénierie.

ATR DUPLESSIS, NICK GAUTHIER

RÉSERVE DU PARC NATIONAL DE L'ARCHIPEL-DE-MINGAN
Des pots de fleurs géants

RÉSERVE DU PARC NATIONAL DE L'ARCHIPEL-DE-MINGAN
1303, rue de la Digue
C.P. 1180
Havre-Saint-Pierre (Qc) G0G 1P0

tél.: (418) 538-3331

notes _____
_____
_____
_____
_____
_____
_____
_____

ATR DUPLESSIS, NICK GAUTHIER

Principal attrait touristique de la Côte-Nord depuis quelques années, l'archipel de Mingan compte une quarantaine d'îles et d'îlots qui présentent un milieu écologique très diversifié. Outre la grande variété de plantes, on y trouve d'importantes colonies d'oiseaux.

Des formations rocheuses spectaculaires confèrent son caractère unique à cet archipel immergé du golfe Saint-Laurent. Formés de calcaire stratifié, ces rochers ont été sculptés par les vagues et les courants marins en des figures extraordinaires et étranges. La nature a ainsi façonné des falaises, des arches, des grottes et de nombreux monolithes spectaculaires appelés «pots de fleurs». Occasionnellement, on peut voir des baleines venues se nourrir ou jouer dans le golfe. Selon les connaisseurs, les plus belles formations rocheuses sont sur les îles de Quarry, Niapiskau, de Fantôme, Nue de Mingan, aux Perroquets et au Marteau. Inauguré en 1983, le parc national couvre plus de 100 km et offre une grande variété d'activités d'interprétation. Des services de transport par bateau sont offerts pour accéder à l'archipel; le principal point de départ est à Havre-Saint-Pierre. Cette visite au pays de Gilles Vigneault vous donnera une occasion unique de contempler la nature dans toute sa splendeur.

PHARE DE POINTE-DES-MONTS
Pointe-des-Monts (Qc)

Adresse postale:
PHARE DE POINTE-DES-MONTS
C.P. 2366
Baie-Comeau Qc G5C 2T1

tél.: (418) 939-2332

notes _____
_____
_____
_____
_____
_____
_____
_____
_____
_____

PHARE DE POINTE-DES-MONTS
Le repos du gardien

i nstallé entre Baie-Comeau et Sept-Îles, ce phare est un véritable musée patrimonial dont chacun des sept étages illustre diverses thématiques axées sur la mer: la navigation et les naufrages près de Pointe-des-Monts, le travail et la vie des gardiens de phare, etc. Construit en 1830, ce phare, l'un des plus vieux en Amérique, a été classé monument historique en 1964. Un forfait «Petite aventure» est offert et comprend une excursion en mer aux baleines et aux phoques.

ATR DUPLESSIS, NICK GAUTHIER

VIEUX-POSTE
Sur les traces de Louis Jolliet

VIEUX-POSTE
Boul. des Montagnais
Sept-Îles

tél. : (418) 968-2070

notes _____

_____

_____

_____

_____

En bordure de la baie de Sept-Îles, ce site fut d'abord visité par Jacques Cartier puis défriché par l'explorateur Louis Jolliet. Le Vieux-Poste regroupe un ensemble de bâtiments que la compagnie de la Baie d'Hudson a utilisé comme poste de traite à la fin du XVIIIᵉ siècle. Le Vieux-Poste a été reconstruit en 1967 selon des croquis et inventaires réalisés en 1786. Ce centre d'interprétation présente également une exposition thématique sur l'histoire et la culture montagnaise. Dans un décor naturel et enchanteur, des visites animées et des activités variées vous donneront l'occasion de revivre l'époque des pionniers.

167

ATR DUPLESSIS, NICK GAUTHIER

SÉPAQ ANTICOSTI
C.P. 179
Port-Menier (Qc) G0G 2Y0

Pour information et réservation

tél.: (418) 535-0156
    1 800 692-8002

notes _____

_____

_____

_____

_____

ÎLE D'ANTICOSTI
Pour les amateurs du golfe

D'une longueur de 222 km, l'île est bien ancrée à l'embouchure du fleuve, dans le golfe du Saint-Laurent. Formé il y a 60 millions d'année, ce paradis encore mal connu du public québécois vous éblouira par sa richesse naturelle et variée. En 1895, le Français Henri Menier, le «roi du chocolat», acheta l'île pour en faire son terrain de chasse personnel. Dès lors il la peupla d'animaux tels que des cerfs de Virginie (cheptel maintenant estimé à 120 000 cervidés), des castors, des orignaux, des élans... En fait l'île abrite diverses espèces de mammifères relativement faciles à observer. Dans le secteur de la baie Sainte-Claire, vous aurez peut-être l'occasion de voir un chevreuil blanc! Les ornithologues pourront également se rassasier car une centaine d'espèces d'oiseaux habitent sur l'île dont le pygargue (aigle) à tête blanche, un oiseau très rare dans l'est de l'Amérique du Nord. Mais l'île vous charmera surtout par la beauté et le caractère grandiose de ses paysages dignes des Grands Explorateurs, que ce soit la chute Vauréal ou les baies situées dans le secteur nord. Comme plusieurs vous aurez sans doute de la difficulté à croire que vous vous trouvez au Québec. Déjà connue des chasseurs et des pêcheurs, l'Île d'Anticosti est de plus en plus en mesure de bien accueillir les touristes et de leur faire découvrir ses richesses variées!

ATR DUPLESSIS, NICK GAUTHIER

S'ÉMERVEILLER, S'AMUSER ET S'INSTRUIRE
sur le chemin des vacances

DÉCOUVRIR LE QUÉBEC
INDEX

REMERCIEMENTS
ET NOTES DE L'ÉDITEUR

Nous tenons à remercier les organismes mentionnés plus bas
de nous avoir fourni un excellent soutien, particulièrement en
nous faisant parvenir des photos des différents sites répertoriés par les auteurs
et en nous autorisant à les utiliser dans cet ouvrage.

ATR ABITIBI-TÉMISCAMINGUE, ALAIN LAFOREST, BENOIT CHALIFOUR, HARRY FOSTER, H. BURBIDGE, ATR OUTAOUAIS, MARIO ST-JEAN,
CCN, ATR LANAUDIÈRE, LUC LANDRY, COMITÉ BERTHIER-VILLENEUVE, OCTGM, PARCS CANADA, LES ÉDITIONS L'ÉVEIL, ARCHIVES DE LA BANQUE DE MONTRÉAL,
SOCIÉTÉ DU VIEUX-PORT DE MONTRÉAL, MUSÉE MARC-AURÈLE-FORTIN, APES 95, CHAMBRE DE COMMERCE DU QUARTIER CHINOIS DE MONTRÉAL,
MUSÉE JUSTE POUR RIRE, CLUB DE HOCKEY CANADIEN INC., SOCIÉTÉ IMMOBILIÈRE MARATHON LTÉE, TRIZEC, PLACE DESJARDINS INC.,
MUSÉE DE LA VILLE DE LACHINE, SCULPTEUR DOMINIQUE ROLLAND, ARCHIVES NATIONALES DU CANADA, OFFICE DU TOURISME DE LAVAL, DELCO AVIATION,
ARBORETUM MORGAN, UNIVERSITÉ MCGILL-DEITRICK NEBELUNG, BUREAU TOURISTIQUE DU WEST ISLAND, SUCRERIE DE LA MONTAGNE, ART MONTÉRÉGIE,
VILLAGE QUÉBÉCOIS D'ANTAN, VILLAGE D'ÉMILIE, OTCCUQ, MICHEL GAGNON, MUSÉE DE LA CIVILISATION, PIERRE SOULARD, UNIVERSITÉ LAVAL,
MARC ROBITAILLE, SOCIÉTÉ DES AMIS DU JARDIN VAN-DEN HENDE INC., FONDATION QUÉBEC EXPÉRIENCE, EXPLORE, VILLAGE TRADITIONNEL HURON-WENDAT,
MAISON AROÜANE, GRAND CANYON DES CHUTES SAINTE-ANNE, MUSÉE MARITIME GODBOUT, HÉLÈNE MICHAUD, DOMAINE FORGET,
ATR SAGUENAY-LAC-ST-JEAN, NAVIMEX, ATR CHAUDIÈRES-APPALACHES, JEAN BEAULIEU, ATR BAS-ST-LAURENT,
ATR DUPLESSIS, NICK GAUTHIER, SITQ, PIERRE DESJARDINS, DAN.

Nous espérons que ce guide incitera le plus de gens possible à passer leurs vacances au Québec
et à faire appel aux organismes ci-haut mentionnés pour compléter leur documentation
durant leur séjour dans l'une ou l'autre des grandes régions du Québec.

Il va sans dire que plusieurs endroits susceptibles de susciter l'intérêt de la famille
peuvent ne pas avoir été répertoriés dans ce premier guide.
Aussi, nous vous invitons à nous faire parvenir vos suggestions qui pourraient certes être prises en considération par nos auteurs,
pour une prochaine publication, ainsi que tout autre détail qui aurait pu échapper à notre attention.

ACHEVÉ D'IMPRIMER
EN MAI 1996
SUR LES PRESSES DE
PAYETTE & SIMMS INC.
À SAINT-LAMBERT (Québec)